업 이야기

KARMA STORY

업(業) 이야기

초판 1쇄 발행 2022년 10월 30일

지은이 | 오경식
펴낸이 | 오경식

펴낸곳 | 아까시
등록번호 | 제2016-000008호
주소 | 전라남도 고흥군 남양면 망월로 450-10
Mobile | 010-3732-5597

ⓒ오경식

ISBN 978-89-962675-3-9 (03810)

KARMA STORY

나는 영혼 없는 삶에 동조할 수 없다

업(業) 이야기

오경식 지음

아까시

나는 영혼 없는 삶에 동조할 수 없다

목차

들어가는 글

1997년 인도 이갓뿌리(Igotpuri)에 있는 위빠사나 명상센터 담마기리(Dhammagiri)를 처음으로 찾았다.

첫날 오리엔테이션을 하는 시간에 안내하는 분이 참석자들에게 하시는 말씀이 "이곳 담마기리에 온 이상 지금까지 무엇을 공부하고 어떤 경험을 하였든지 이곳에 왔으면 그동안에 해보고 경험했던 모든 것들을 한쪽에 내려놓고 이곳에서 가르쳐주는 방식대로 온전히 한번 따라 해 보라."는 것이었다.

평소의 나는 세상일에 항상 시니컬(cynical)했지만 이날만큼은 단순히 그냥 한번 따라 해 보라는 말로 들리기보다는 "내가 지금까지 살아오면서 짊어지고 온 삶의 무게를 한쪽에 내려놓고 시도를 해 보라."라는 말로 들렸다.

나는 그만큼 무언가에 목말라 있었고, 이곳에서 가르쳐주는 대로 따라 하기만 하면 그동안 풀지 못했던 '아무런 의미를 찾지 못해 헤매고 방황했던 내 삶의 숙제를 풀 수 있있을까 하는 의문도 있었지만 그 의문은 제쳐놓고, 무조건 해 볼 것이라는 다짐과 함께 내 고민을 해결할 수 있으면 얼마나 좋을까 하는 지푸라기라도 잡는 한줄기 빛처럼 희망을 가지게 했다.

그런데 그렇게 쉽게 풀리는 세상일은 없었다.

다음 날부터 새벽 4시에 일어나 세수를 하고 정신을 차리고 4시 30분부터 명상을 시작해 아침 식사시간 6시 30분까지 2시간을 하고 나면 아침을 먹고 다시 8시부터 점심시간 11시 30분까지 3시간을 했다.

11시 30분부터 점심식사 후, 오후 1시부터 다시 시작한 명상은 4시 30분 티타임(tea time)까지 3시간을 하고, 5시부터 7시까지 2시간을 더하고, 7시부터 8시까지 고엔카 선생의 담마 디스코스(Dhamma discourse, 법문)을 듣고 8시부터 9시까지 1시간을 더 해서 하루 총 11시간의 명상을 했다.

저녁식사는 없다.

이렇게 시작한 10일 간의 명상코스에서 하루 이틀 사흘… 명상을 해 나가는 시간들은 처음에는 매 시간 시간이 지옥훈련과 같았다.

온몸은 쑤시고 불편하지 않은 곳이 없었고, 어디로 튈지 모르는 럭비공 같은 마음은 얼마나 집중하기가 어려운지 조금이라도 명상을 해본 사람이라면 이해를 할 것이다.

명상센터는 철저하게 관리를 잘 해주고 있었다.

모기 한 마리도 명상홀 안으로 못 들어오게 입구에서부터 방충망으로 차단을 해 놓았고 향을 피워 모기들을 쫓아냈다.

오로지 명상만을 할 수 있도록 최적의 조건을 갖춘 안전한 곳에서 명상을 하는 나는 육체적인 고통과 이리저리 날뛰는 야생마 같은 마음과 목숨을 걸고 사투를 벌였다고 하는 것이 맞을 것이다.

명상을 시작하고 나흘째부터는 개인 독방이 제공되었다.

한 평도 되지 않는 작은 독방을 오전, 오후, 저녁의 각 1시

〈사진〉

간씩 3시간 단체 명상을 제외한 나머지 시간은 개인 독방에서 명상에 전념할 수 있는데, 독방은 그야말로 혼자만 있는 독방이다.

그 안에서 무슨 짓을 하더라도 아무도 알 수 없는 공간이다 보니 벽에 기대 잘 수도 있고, 그냥 멍하니 있을 수도 있고, 무슨 짓을 하더라도 밖으로 노출이 되지 않는 작은 밀폐된 공간이다.

<사진1>에서 보이는 작은 구멍 하나하나가 각 독방의 환기구멍들이다.

명상센터 내에서는 운동이 금지되어 있어 맨손체조조차도 하지 못하게 되어 있다. 할 수 있는 것은 오로지 쉬는 시간에 걸으면서 명상하는 포행匍行뿐이다.

그런데 독방이 주어지니 비록 좁기는 하지만 그 안에서는 무슨 짓을 하더라도 나만의 세상이라 몸도 마음도 적응이 안 된 나는 처음에는 그 안에 앉아서 몸도 풀고 심지어 물구나무도 서면서 별짓을 다 했다.

그러다 내가 어떻게, 왜 여기까지 와 있는데 이렇게 시간을 낭비해서야 되겠나 하면서 마음을 다잡고 이를 악물고 명상에 집중하고 또 집중하기를 반복했다.

14

특히 처음 며칠은 코끝에 의식을 집중하느라 눈이 너무나 아팠다. 차츰 알게 된 것이지만 눈에 힘을 빼고 자연스럽게 해야 하는 것을 집중에만 몰입하다 보니 눈에 힘이 너무 들어가 있었던 것이다.

그야말로 모기 한 마리 얼씬 하지 않는 안전한 곳에서 비록 피는 나지 않았지만 처절하게 명상에 집중했다. 명상을 하다 죽는 한이 있더라도 내게 짊어진 이 문제를 끝을 내고 말겠다는 각오로, 정말 목숨을 걸고서라도 해보겠다는 처절한 각오로 임했다.

나를 가르쳤던 선생은 S.N. 고엔카 선생이 인가認可를 해준 분으로 키가 아주 작아 거의 난쟁이 같은 사람이었다. 게다가 얼굴은 화상을 입어 얼굴 반쪽이 검은 흉터가 있는 괴물 같은 모습을 하고 있었다.

이렇게 키가 작고 괴물 같은 사람이 나에게 무엇을 가르칠 수 있을까 하고 내심 그를 무시하고 깔보면서도 나는 매일 그에게 질문을 했다.

처음 해보는 위빠사나 명상은 머리끝에서 발끝까지 일어나는 모든 느낌과 현상이 나를 궁금하게 했고, 내가 잘 하고 있는 것인지 아니면 잘못하고 있는 것인지 확인을 해보고 싶었기 때문이다.

　그런데 가서 물어볼 때마다 나의 질문에 대한 대답이 시원하게 나와 주지 않았고, 그저 '잘하고 있다', 그리고 '그런 것들은 하나의 현상이니 무시하고 계속 그렇게 해라'였다.

　그렇게 하루하루 매일매일 크고 작은 여러 가지 느낌과 현상들을 겪으면서 지나가던 7일째 되던 날, 그날도 오전 명상수련을 마치고 점심을 먹고 질문 시간에 맞춰 지도 선생에게 질문을 하기 위해 명상센터의 숲길을 가로질러 커다란 나무밑을 걸어가고 있었는데, 저만치 앞에 괴물 같은 선생님도 점심을 먹고 걸어가고 있었다.

　그런데 멀찍이서 뒤를 따라 가고 있던 내 눈에 그 선생의 키가 30m도 족히 넘어 보이는 거목보다도 더 크게 보이는 착시 현상이 일어났다. 몇 번이고 눈을 닦고 쳐다보아도 같은 현상이 일어났다가 사라지는 것을 경험하였다.

참고적으로 나는 귀신이 존재한다고 믿는 사람도 아니고, 어떤 초자연적인 현상이나 힘도 믿는 사람이 아니다.

그런데 어떻게 이런 착시 현상이 나한테 일어날 수 있을까 했지만 실제로 나에게 그런 착시 현상이 일어난 것이다. 그날 이후 그 선생은 괴물같이 보이지 않으면서 선생을 바라보는 내 시선과 마음도 달라졌다.

그리고 이틀 뒤 9일째 되는 날, 정말 제대로 된 깊은 몰입(samadhi, 삼매)을 경험한 후 나는 완전히 다른 사람으로 바뀌었다.

점심시간 후 선생을 찾아가 많은 사람들 앞에서 큰 절을 올리고 감사의 말씀을 드렸다.

"선생님께서 저를 다시 태어나게 해 주셨습니다."라고.

나는 태어나서 눈물을 흘려 본 적이 별로 없었다. 그런데 그날은 눈물이 났다.

이후 그때의 일을 한마디로 요약하면 어떤 말이 있을까를 곰곰이 생각해 보았는데, 한문 문법에 맞는지 어떤지는 몰라도, '풍요수엽 별유통천風謠樹葉 別有洞天'으로 요약해 볼 수 있겠다.

별유통천別有洞天은 중국 고사에 나오는 말을 접목시켰다.

삼매에서 깨어나 밖에 나왔는데 바람이 불고 나뭇잎이 흔들리고 있었다. 그런데 평소에 불던 바람과 그 바람에 흔들리는 나뭇잎이 완전히 다른 모습으로 와 닿았다. 그것은 완전한 별천지로 보였다.

그뿐만이 아니었다.

평소에 무미건조하고 아무런 의미가 없어 보였던 일들이 신비스럽고 경이롭게 생기와 활력, 뭐라고 말하기 어려운 이 세상에 존재하는 모든 존재들이 이유와 의미로 가득 차 있다는 것이 느껴졌고, 지금까지 보아 왔던 세상과는 전혀 다른 세상으로 와 닿았다.

그 느낌은 엄청난 충격으로 다가왔고, 이후 나는 그동안 삶에 대한 의문을 온몸으로 짊어지고 헤매던 나로부터 완전히 내려놓은 홀가분한 마음과 더불어 이제야 진정한 내 자신의 모습으로 돌아왔다는 생각이 들었다.

세상에 완전한 것이 어디 있겠는가만 그 순간에는 나는 세상에 얻을 것은 다 얻었다는 느낌이 들었다.

이전에 나에게 가장 크게 작용했던 문제는 적응이었다. 딱히 어떤 문제가 있었던 것은 아니지만, 나는 사람들과 사회에 적응을 하지 못했다.

같은 사회구성원의 한 사람으로서 서로 부대끼며 살면서도 사람들은 왜 저렇게 복잡하게 살아가는가 이해하기 어려웠다. 그러면서 사람이 한번 태어나서 성장하고 나이 들면 늙고 병들어 죽는다는 것을 누구나 다 아는 사실인데, 왜들 그렇게 어렵고 힘들게 살고, 나 역시 그러한 환경에 동조하면서 그렇게 함께 살지 않으면 안 된다는 것이 너무나 힘들게 다가왔고 적응이 되지 않아 괴로웠다.

그렇다고 어떻게 현실을 피해 도망갈 수도 없었고, 그렇게 살 수밖에 없다는 것에 또 괴로워하면서 살았다.

물론 사람이 태어나 살면서 성장하고, 늙고, 병들어 죽어가는 과정이 아무리 정해졌다한들 그게 그렇게 쉽지 않고, 그러한 삶 속에서 희로애락을 겪으면서 살아야 한다는 것 역시 알고 있지만, 그렇다고 이렇게 갈등을 겪으면서 복잡하고, 힘들고, 어렵게 살 수밖에 없는 것인지? 도대체 어떻게 살아야 삶의 의미를 찾을 수 있는 것일까 하고, 내 마음은 이러한 의문들을 풀지 못해 방황하고 헤매었고, 사회의 변두리를 서성거리며 먹고는 살아야 하니 다른 사람들과 마찬가지로 이것저것하면서 그야말로 억지로 살아가긴 했지만, 언제나 한쪽 가슴은 비어 있었다.

이때 방황하고 헤맬 때 가장 많이 찾았던 곳은 산이었다. 해결할 방법을 모르니 오로지 산을 헤매고 다닐 때에만 그나마 위안이 되었다. 그래서 산을 무작정 헤매고 다녔다. 그때 왜 사람들이 산을 좋아하는지 깨달았다. 산은 있는 그대로 받아들인다. 아무런 조건이 없다. 그 누가 무엇을 어떻게 하든 산은 받아들였다.

그런데 인간세계는 다르다. 모든 게 조건화되어 있다. 그냥 받아들이는 것이 없다. 모든 게 조건화되어 있고, 그것이 당연하다고 느낀다.

구멍가게나 백화점에 가서 물건을 하나 가져와도 돈을 내고 가져와야 한다는 조건이 있다. 백화점에서 돈도 안 내고 물건을 가져온다고 하니까 내가 이상한 놈으로 보일 수도 있겠지만 이상하게 보일지라도 물건을 가져오는 대신 돈을 내야 한다는 이것도 조건이다.

당연하다고 여길 수도 있지만 백화점에 있는 물건을 만드는 과정에서도 네가 이렇게 만들어 주는 조건으로 나는 너에게 그만한 대가를 해 준다는 조건을 걸고 의뢰를 하고, 만드는 사람 역시 만들어 주는 조건으로 얼마를 받겠다는 조건을 서로 건다.

이 조건 안에서도 어떻게 만들어야 되고 어떻게 해야 한다

20

는 세부적인 조건이 또 있다. 이러한 조건 속에서도 갈등이 생긴다.

얼마나 복잡한가? 사실 현실은 이것보다 훨씬 더 복잡하다. 친한 친구 간에 밥을 한 끼 먹어도 내가 이번에 샀으니 다음에는 네가 사라는 암묵적 조건이 붙는다. 세상에 조건이 달리지 않는 일은 없다.

이러한 시스템이 당연하다고 생각하는 사람들에게는 내가 이상한 사람으로 보일 수 있지만 이렇게 하나에서 열 가지 모든 게 조건화되어 있는 시스템에 적응이 안 된 나에게는 너무나 힘들고 피곤한 일이었다.

그런데 산은 인간들이 와서 무슨 짓을 어떻게 하든 조건 없이 모든 것을 받아들인다. 인간들은 산에 가서 하고 싶은 대로 마음대로 하고, 산은 인간들이 산에 와서 무엇을 어떻게 하든 아무 조건 없이 받아들여 준다.

아무 조건 없이 아무렇지도 않게 마음대로 할 수 있는 산에서 인간들은 그동안 얽매여 있던 조건에서 벗어나 맘껏 조건 프리를 느끼면서 해방감을 만끽하니 산에 가고 또 가게 되는 것이다.

그러다 산에 가면 반드시 쓰레기는 갖고 내려와야 한다는 조건을 거니까 그것도 귀찮다고 내팽개치고 오는 사람들은 끝

까지 그렇게 주어진 조건 프리를 즐기고 싶은 사람들 마음이
이라는 것을 이해한다.

조건 프리, 이것을 자연自然이라 한다.

나도 그랬다. 산이라는 자연에 가면 모든 조건에서 해방되
어 앉았다 누웠다 뒹굴다 오면 그나마 며칠은 편안했다. 그러
다 며칠이 지나면 또 산에 가야 했다.

그러나 그렇게 찾아 헤맸던 답은 산에도 없었다. 그래서 나
는 그 답을 찾아 인도까지 갔고 그 답이 명상에 있을 것이라고
기대를 했고, 명상은 그 기대를 저버리지 않았다. 비어 있던
마음 한쪽이 채워진 것이다.

그렇게 채워진 마음은 평생 나의 든든한 버팀목으로 지금
도 변함없이 나를 채워 주고 있고, 가능하면 조건적인 삶에서
벗어나 자연스럽게 살라고 방향을 제시해 주고 있다.

조건적인 삶은 인간을 영혼 없는 좀비로 만들어 버린다.

조건적인 삶은 인간은 낚싯바늘에 걸린 물고기를 만들어
버린다.

우연한 기회에 팔순八旬을 훌쩍 넘긴 명망 있는 고승高僧 한
분과 차를 같이 탈 기회가 있었다. 그분은 내가 요가 선생이라
는 것을 알고 계셨고, 나에게 물었다. 네가 알고 있는 요가를
한마디로 말해보라는 것이었다.

나는 지체 없이 내가 생각하는 요가는 불이일원론不二一元論
이라고 생각한다고 답을 했더니 네 말이 맞다고 다른 말도 필
요 없이 인정을 해 주셨다.

왜 불이일원론이 되는지 자세한 얘기는 하지 않겠다. 내 말
에 이렇게 흔쾌히 동의해 주는 분은 처음 만났다. 그러면서 간
단한 부연설명까지 해 주셨다.

그래서 나도 스님께 감히 여쭈었다. "스님께서 그동안 공부
하시면서 깨우친 바를 한마디로 일러 주십시오." 했더니, "이
놈아, 그걸 내가 왜 너한테 일러주어야 하냐?" 하시며, 한마디
로 요약해서 듣지는 못했지만 당신 이야기를 해 주셨다.

어려서부터 승려가 되어 21살 나이에 깨우친 바가 있었는
데, 그때의 힘으로 80이 넘도록 사신다는 것이었다.

그렇다!

그만큼 그 느낌은 강한 충격으로 다가와 사람의 의식을 완
전히 바꿔놓고 평생을 좌우한다.

나 역시 그만한 힘은 아닐지 몰라도 그 힘으로 살고 있다고
말할 수 있다. 그 힘은 내가 마치 철갑옷을 두른 듯 든든하고,
어두운 길을 비춰 주는 횃불과 같이 내 안에서 작용하고 있다.
그래서 그 힘이 지금 네가 살고 있는 모습이냐라고 해도, 그렇
다고 자신 있게 말할 수 있다.

왜냐면 지금까지는 피상적인 현상에 영혼이 털려 눈앞에 보이는 현상만을 좇아 좀비처럼 살아왔지만, 본질을 알고 보니 이제는 그렇게 살 필요가 없다는 것을 알아차렸기 때문이다.

피상적인 화려함은 개개인의 능력에 따라 얼마든지 그렇게 살 수 있다. 그러나 이제는 사람들이 화려한 겉모습에만 영혼이 매몰되어 피상적인 현상만을 추구하는 좀비가 되어 살아가지 않았으면 한다. 피상적인 현상은 아무리 채워도 끝이 없다. ❀

風搖樹葉
別有洞天

흔들리는 나뭇잎 하나에도 의미로 가득한
또 다른 세계가 펼쳐진다.

인도(India)

"Incredible India
불가사의한 나라 인도"

이 이야기는 2016년으로 거슬러 올라간다.

2016년 2월 어느 날, 어렵사리 마련한 여행경비로 인도 뉴델리 공항에 내렸다.

거의 30년 가까이 매년 오고 가는 인도(India)지만 항상 긴장된다. 특히 뉴델리 공항에 도착하게 되면 공항을 어떻게 빠져나갈까 하는 고민과 함께 걱정이 앞선다. 왜냐면 손님을 서로 자기 차로 끌고 가려는 택시 호객꾼들과 꿀리(짐꾼)들 때문이다.

공항 문을 나서자마자 들러붙는 택시 호객꾼들과 꿀리들은 끈질기고 집요하다. 게다가 한 사람이 아니라 여럿이 한꺼번에 들러붙을 때에는 혼을 쏙 빼놓는다. 때론 이 혼란한 틈에 짐을 잃어버리기도 한다. 그리고 그 와중에 차를 탔다 하더라도 결국에는 바가지는 바가지대로 옴팍 쓴다.

한 번은 혼자서 공항을 빠져나와 택시를 타고 가다가 해는 니엇니엇지면서 어둠이 내리깔리는데, 한적한 외딴 곳에 차를 세워 놓고 거의 협박과 공포 분위기 속에 환전을 하라느니 자기네들이 알고 있는 호텔로 갈 것을 강요받기도 하는 더욱 난감한 일을 당하기도 했다. 그래서 공항 안에서 제일 먼저 줄을 서서 프리페이(pre-pay) 택시를 예약하고 밖으로 나서면 그나마 그런 고충을 조금은 덜 수 있다. 그러나 프리페이 택시도 쉽지 않다. 왜냐면 일단 손님을 태워 놓고 짐이 많니 적니 하면서 돈을 더 내라고 하기도 하고 엉뚱한 곳에 도착해서는 내가 원하는 장소까지는 길을 둘러서 가야 하니 돈을 더 요구하기도 한다.

메인 바자르

그날도 그나마 믿을 수 있는 pre-pay 택시를 타고 공항을 빠져나와 만만하고 익숙한 뉴델리역 앞 메인 바자르(Main Bajar)를 향했고, 그동안 보지 못했던 인도 친구들에게 나눠줄 선물들과 함께 짐이 좀 있던 터인 나는 저렴한 호텔들이 있는 메인 바자르(paharganj) 깊숙한 곳까지 최대한 택시를 타고 들어갈 생각이었는데 내 예상은 보기 좋게 빗나갔다.

택시기사는 이미 잔머리를 굴려 메인 바자르 끝 지점인 길 건너 반대편에 차를 세워놓고 다 왔으니 내리라고 했다. 메인 바자르의 끝 건너편 길은 길만 건너면 골목길을 거쳐 내가 원하는 호텔까지는 사실 얼마 되지 않는 거리지만 짐이 있는 나에게는 귀찮고 힘들고 불편한 일이었다.

길 건너편에 차를 세웠으니 길만 가로질러 가면 그만 아닌가 하겠지만 문제는 도로 한복판 중앙선을 콘크리트 벽으로 약 110cm 높이로 막아 놓았는데 차는 유턴을 할 수 없고 사람이 건너가려면 콘크리트

벽을 타고 넘어야 하는 고약한 상황을 만들어 놓았기에 짐이 있는 나는 이 벽을 넘어가야 하는 일이 여간 귀찮고 불편한 일이 아닐 수 없었다. 게다가 도로가 넓고 커서 차량의 통행량도 굉장히 많은 위험한 도로였기에 이 약점을 이용한 택시기사는 길 건너 반대편에 세워 놓고 나보고 저 벽을 넘어 걸어가든지 아니면 차를 타고 내가 원하는 목적지까지 갈려면 뉴델리 역을 빙 돌아서 가야 하기 때문에 적어도 2~3km는 더 가야 하니 돈을 더 내놓으라는 것이었다.

원래 길을 알고 있던 나의 예상은 뉴델리 역 앞을 거쳐 내가 원하는 메인 바자르로 들어가면 내가 원하는 저렴한 호텔이 많은 곳까지 들어갈 수 있는데, 내가 잠시 한눈을 파는 사이 목적지가 가까워지자 택시기사는 옆길로 빠져서는 이 난감한 상황을 만들어 놓고 다시 흥정을 해 온 것이다. 나는 내가 원하는 길은 놔두고 엉뚱한 길로 와서 계약은 메인 바자르까지인데 왜 여기로 와서는 이러냐고 따졌지만 소용이 없었다. 결국 더 보태주기가 싫어 그 자리에서 툴툴거리며 내려서 짐을 끙끙거리며 들고 콘크리트 중앙 분리대를 넘어 길게 쭉 이어진 골목길을 지나 메인 바자르에 있는 숙소를 정해 숙박을 해결할 수 있었다. 다행히 이른 새벽시간이라 차들이 많지는 않았다.

인도에서는 언제나 알고서도 당하고 모르고도 당하는 게 일쑤다. 인도와 인연을 맺고 왔다갔다한 지가 거의 30년이 다 되어 내 나름대로 인도를 잘 안다고 자부하면서도 도착하자마자 보기 좋게 또 당했다. 그래도 사람의 면역성이라는 게 뭔지 '인도는 원래 그런 곳이지'라고 생각하고 있어서인지 그렇게 당하고도 돌아서면 언제 그랬냐는 듯이 금방 잊어버리는 게 신기하다.

호텔도 마찬가지이다. 호텔 방을 구할 때에도 내 딴에는 흥정을 열심히 해서 방값을 깎을 만큼 깎아서 싸게 방을 얻었다고 생각했는데 알고 보면 같은 호텔인데도 더 좋은 방을 나보다 더 싸게 얻어 있는 사람을 만나게 되어 기분이 상해 호텔 매니저한테 따지면 그 사람은 장기 투숙객이고 미리 예약을 했고 뭐가 어쩌고저쩌고 하면서 말을 잘도 둘러대면서 아무

소용이 없다.

여느 때 같으면 경험상 2월의 인도는 특히 북부에 속하는 뉴델리는 덥지 않아야 하는데 이번에는 무척 더웠다.

인도에 살면서 대학 다닐 때 함께 학교를 다닌 인도 친구 라제쉬(Rajesh)를 만났더니 올해는 이상기후로 더위가 일찍 왔다면서 비정상적인 날씨라고 했다. 보통 옥상에 물탱크를 올려놓고 있는 인도 싸구려 호텔이나 가정집들은 한여름 한낮에 수도꼭지를 틀면 한낮 열기로 덥혀진 물탱크에서 뜨거운 물이 나온다. 이례적으로 2월에 뜨거운 물이 나오고 있었다.

이럴 때는 버킷이나 물통에 물을 받아놓고 있다가 외출에서 돌아와 받아놓은 물을 뒤집어쓰면 시원한 물로 샤워를 할 수 있다. 물통에 받아 놓은 물이 시원하다기보다는 지붕위에서 뜨거운 햇볕에 데워진 물보다는 그늘에 있는 물이 그나마 찬물인데, 뜨거운 햇볕 아래에 있던 사람이 몸이 뜨거워진 상태로 찬물을 뒤집어쓰니 시원한 느낌으로 느껴질 뿐 사실은 별로 시원한 물도 아니다. 그나마 옥상에 있는 물탱크 물보다는 낫다는 것이다. 그 물을 뒤집어쓰고 천장에 달린 팬(선풍기)을 틀어놓고 몸을 식히면 마르지 않은 몸에 있던 물기가 바람에 날려 증발하면서 잠시나마 정말 시원함을 느낄 수 있다.

인도를 여행하려면 여행 일정이 잡히면 일정대로 항공편이나 기차표를 제일 먼저 예약하는 게 필수이다. 인도는 많은 인구에 많은 여행객들로 북적이기 때문에 예약을 해 놓지 않으면 그날그날 표를 사서 이동한다는 건 불가능하다. 기차도 자주 없고 당일치기 표는 아예 생각을 하지 말아야 한다. 인도인들이나 외국 여행객들은 보통 최소 1~2주 전에 미리 예약을 해 놓기 때문에 당일치기로 표를 구한다는 것은 불가능하다.

게다가 가고자 하는 목적지의 기차를 인도인들과 섞여서 예매를 한다는 건 생각만 해도 끔찍하다. 길게 늘어선 줄 속에 서 있는 것도 괴롭지만 중간 중간 새치기하는 사람들과 창구 앞에서는 언제나 먼저 살려고 실랑이가 벌어지고 막상 표를 사는 순간에도 여기저기서 손이 들어오는 것은 예삿일이고 일 처리가 늦어 줄이 줄어드는 데 시간도 많이 걸린다.

그래서 외국인 전용 창구를 설치해 놓은 큰 역이나 유명 관광도시에서는 그나마 쉽고 편하게 표를 구할 수가 있다. 물론 이 또한 외국 관광객들이 줄을 서 있는 경우가 많아 원하는 날

짜에 원하는 장소로 이동하는 것이 그렇게 쉬운 것은 아니라 원하는 날짜보다 일정이 늦춰지는 게 예사다. 그러나 그런 곳은 질서라도 유지되니 훨씬 편하다. 뉴델리 역은 외국인 전용 창구가 있어 시원한 에어컨도 나오고 외국인들이 줄을 서서 질서 있게 앉아 순서대로 표를 산다.

그런데 재미있는 것은 인도 사람이나 인도에 오래 산 외국인들만 아는 사실인데, 정말 오늘 가지 않으면 안 된다고 한다면 입석을 구해서 일단 기차를 탄다. 그리고 차장에게 약간의 수수료(일종의 뇌물)를 주고 어디까지 가는데 자리를 마련해 달라고 부탁을 한다.

그러면 자리가 빨리 마련될 수도 있고 늦게 마련될 수도 있지만 경험상 열 번 중 아홉 번은 자리를 구해 여행을 했다. 인도는 한국의 33배나 큰 나라인데 철도가 인도 전 지역에 아주 잘 깔려 있는 편이다.

영국의 식민지를 겪으면서 영국인들이 인도 전 지역으로부터 지하자원이나 향신료들을 조달하기 위해 철도를 깔아 놓은 것이다.

북쪽에서 남쪽으로 이동하기 위해서는 때로는 3박 4일을 기차를 갈아타면서 가야 하는 경우가 있는데 수많은 역을 거쳐 가면서 사람들이 타고 내리는 밤늦은 시각에 정차하게 되는 역에는 아무래도 승객들이 이용하기가 불편하니 일정 구간의 빈자리가 생기는 경우가 많다. 이때 입석으로 탄 승객들에게 약간의 웃돈을 받고 자리를 마련해 준다. 또 자리는 예약해 놓고 갑자기 여행을 취소하면서 생기는 빈자리도 돈을 받고 제공해 준다. 한편으로 인도 철도청에서 정책적으로 예비석을 남겨 놓는데, 급한 공무로 출장을 가야 하는 공무원들이나 아니면 정말 급한 승객이 이용하지 않으면 안 될 경우를 대비해서 몇 자리를 비워 놓는 것이다. 이런 자리들이 운 좋게 채워지지 않을 경우에도 어차피 빈자리로 갈 것을 입석 손님들에게 자리를 제공하고 돈을 받고 용돈을 챙기는 것이다.

물론 100% 다 되는 것은 아니기 때문에 자리가 안 될 수도 있다는 점도 감안을 해서 바닥에 쭈그리고 앉아 밤을 샐수도 있다는 각오를 하고서 시도를 해야 한다. 입석을 여러 번 시도를 해 보았는데 자리를 못 구한 경험은 딱 한 번 있었던 것 같다.

나는 뉴델리를 출발하여 → 알라하바드(5일) → 바라나시(5

일) → 보드가야(7일) → 다시 뉴델리로 와서(2일) → 빠탄코트(경

유) → 다람살라(20일) → 다시 뉴델리(1일) → 뭄바이(경유) → 이

갓뿌리(23일) → 뭄바이(3일) → 뉴델리(3일) → 한국으로 돌아오

는 것으로 일정을 잡았다.

두 달이 넘는 일정이지만 시간적으로 빡빡한 일정이었다.

투시타(Tushita) 명상센터

다람살라에서 20일

을 잡은 것은 다람살

라에도 내가 주로 하

는 위빠사나 명상센터

담마 시카라(Dhamma

Sikhara)가 있긴 하지만

이번에는 델리에 있는 티벳하우스의 총책임자 게셰 도르지 담

둘(Geshe Dorji Damdul) 스님이 15일간 집전하는 티벳 명상을 체

험하기 위해 다람살라에 있는 투시타(Tushita) 명상센터를 가기

위함이었다.

이후 이갓뿌리(Igatpuri), 담마기리(Dhamma Giri)로 가서 위빠

사나 명상 20일짜리 코스에 들어갈 예정이었는데, 투시타가

히말라야 중턱에 위치하다 보니 산에는 눈이 그대로 있고 날

씨는 진눈깨비가 날리면서 생각보다 추워 감기에 걸리고 몸이

좋지 않아 투시타에서 15일 코스를 마치고, 담마기리에 20일

머물면서 10일은 쉬고
결과적으로 10일짜리
코스만 하고 돌아왔다.

욕심 같아서는 더
길게 있으면서 명상의
세계에 원도 한도 없이

담마기리(Dhamma Giri)

한번 빠져 있고 싶었는데 뜻대로 되는 일은 그렇게 많지 않다.

내 나름대로 한국에서도 가끔 인도 음식이 생각날 만큼 인
도 음식을 좋아하고 적응이 잘 되어 있어 인도 음식을 소화하
는 데도 자신 있다고 생각했었는데 오랜만에 온 인도이긴 하
지만 오자마자 예상치도 않은 배탈이 났다. 뉴델리에서 만난
바라나시 힌두대학교(B, H, U) 동창생 라제쉬(Rajesh)가 사준 약
이 효과를 보이는 것 같아 대수롭지 않게 생각했던 배탈은 여
행 일정 내내 괴롭히면서 오랜만에 인도 친구들도 만나고 인
도 음식을 실컷 맛보면서 인도를 즐겨보려 했던 내 생각을 완
전히 망쳐 놓았다.

라제쉬는 학교를 졸업한 후 델리에서 제약회사에 근무하는
친구다. 약에 대해서는 아주 잘 아는 친구로 그가 구해준 약이
일시적으로 어느 정도 진정되는 효과는 있었지만 그렇다고 완
전하게 호전되지가 않아 찜찜하면서도 불안 불안하게 여행 일

비항감 창시자 사다팔데오지 마하라자

정을 소화하였다. 어쨌거나 잡아놓은 일정에 따라 오랜만에 온 인도를 그 동안 만나보지 못했던 인도 친구들을 각 지역에서 만나면서 여행을 했다.

알라하바드(Allahabhad)에서는 변호사를 하고 있는 빠뿌(pappu)를 만나 보았다. 빠뿌 집에 머물면서 상감(sangam, 갠지스 강과 야무나 강, 사라스와띠 강이 합류하는 지점) 강변에 위치한 비항감 요가(Vihangam yoga) 센터에서 학생들과 쁘라나야마와 간단한 아사나 수련도 함께 해 보았다.

알라하바드는 상감으로 인해 144년에 한번 마하 꿈바 멜라(Maha Kumbha mela)*가 열리는 곳으로 유명하다.

*꿈브 멜라(kumbh mela) : '꿈브'라는 말은 '물주전자' 또는 '물병'이라는 말이다. '멜라'는 '모이다'라는 뜻으로 현대에 와서 축제라고 부른다. 인도 신화에 따르면, 하늘(천상)에는 우유로 이루어진 바다가 있는데, 이곳에서 신들과 악마가 모임을 갖고 이 우유를 가지고 불

비항감 요가센터 전경

멸의 감로수를 만들기로 약속을 하고 히말라야 산을 막대기로 삼고 나가(뱀신)를 밧줄로 삼아 신과 악마가 힘을 합쳐 수백 년에 걸쳐 휘저은 결과 불멸의 감로수가 만들어졌다고 한다.

신들이 생각해 보니 이 불멸의 감로수를 악마들이 먹으면 안 될 것 같아서 수르야(Surya, 태양), 찬드라(Chandra, 달), 샤니(Shani, 토

성), 브라하스빠띠(Brahaspati, 목성)에게 맡겨 숨겨놓았다. 이를 안 악마들이 이들을 쫓아 감로수를 빼앗으려고 12일 간의 전쟁을 벌이게 된다. 이들과의 전쟁 중에 실수로 갠지스 강이 흐르는 웃따르쁘라데쉬 주의 하리드와르(Haridwar), 쉬프라 강이 흐르는 마드야쁘라데쉬 주의 웃자인(Ujjain), 고다와리 강이 흐르는 마하라쉬트라 주의 나식(Nasik), 그리고 갠지스 강과 야무나 강, 사라스라띠 강이 한곳에 모

여 상감을 이루는 알라하바드(Allhabhad)에 떨어졌다고 한다. 이 감로
수를 인간이 찾아 마심으로 해서 해탈과 영생, 초인간적인 힘을 얻
는다고 믿는 인도 사람들은 이 네 곳의 강에서 3년마다 돌아가면서
감로수가 떨어진 강물을 마시고 영생을 구하고 목욕을 통해 몸과 마
음의 정화를 해서 목샤(해탈)을 추구하는 멜라(축제)를 열게 된다.

이렇게 4군데를 3년마다 돌아가면서 한 바퀴 돌면서 12년이 되는
해는 아르다 꿈브 멜라라 하고, 아르다 꿈브 멜라가 12번째 치러지
는 멜라를 마하 꿈브 멜라라 한다. 이 마하 꿈브 멜라는 144년에 한
번 알라하바드에서만 열린다. 이때 열리는 마하 꿈브 멜라는 그 어
느 때, 어느 지역의 멜라보다도 크고 성대하게 치러진다. '아르다'는
'절반'이라는 뜻이고, '마하'는 '위대한' 혹은 '크다' 란 뜻이다.

마하 꿈브 멜라가 알라하바드에서 열리는 이유는 인도인들이 가장
성스러운 강이라고 믿는 갠지스, 야무나, 사라스와띠 이 세 개의 강
이 한곳에서 합류하는 지점이 알라하바드인 것이다. 이것을 뜨리베
니 상감(Triveni sangam)이라 하고, 이곳에서 열리는 마하 꿈브 멜라는

49일간 열리는데 세계 각처에
서 1억 명이 넘는 방문객이 다
녀가면서 세계에서 가장 크고
사람이 많이 모이는 축제로 기
록되고 현재에도 진행 중이다.

바라나시(Varanasi)에서는 델리 퍼블릭 공립학교 부설 바라
나시에 있는 학교 선생님이면서 도서관 사서로 근무하는 수단
수(Sudhansu)를 만나 그가 근무하는 학교를 견학하면서 한국의
학교와 자매결연을 통해 한국과 교류를 해 보고 싶다는 말을
들었다.

학교 내 학문과 예술의 신 사라스와띠

그리고 사르나트(Sarnath)를 들러 부처님의 초전법륜지를 둘
러보았다.

보드가야(Bodh Gaya)에서는 한국도 다녀가 본 적이 있고, 변
호사로 활동하고 있는 동창생 께삐(K. P, Krishna Prakash)를 만나
식사를 같이 하고 그동안 쌓
인 얘기들도 나눴다.

그리고 마가다 대학
(Magadh University)을 방문했
고, 보드가야 위빠사나 명상

사르나트 초전법륜지

센터 담마 보디(Dhamma bodhi)도 방문하여 잠시 위빠사나 명상을 경험해 보았다.

다들 변함없이 잘 지내고 있었지만 알라하바드에서는 빠뿌의 변호사 사무실을 방문하는 도중 빠뿌가 운전하던 차가 길가에 노점상들이 길게 늘어서 있는 시장 통을 지나다가 사람을 가볍게 치는 접촉 사고가 났다. 빠뿌는 직업이 변호사다.

인도에서 교통사고는 어떻게 처리하는가 하고 관심 있게 지켜보려고 했는데 빠뿌는 차를 길 한쪽 편에 대는 척 하더니 그대로 속력을 내어 줄행랑을 쳤다. 그의 갑작스런 행동에 동승을 하고 있던 나는 깜짝 놀랐다. 그의 말에 따르면 인도에서는 한적한 곳에서 사고가 나면 병원으로 데려가기도 하고, 경미하면 약간의 치료비를 주고 무마한다든지 한국과 비슷한 조처를 취해 줄 수 있지만 많은 사람들 앞에서 교통사고가 나면 보험과 같은 교통사고 처리 시스템이 잘 갖추어지지 않은 인도에서는 일반 군중들이 피해자 편에 서서 일방적으로 가해자에게 집단 구타를 가해 중상을 입히든가 심지어 사망하기도 해 잘못하면 위험해지기 때문에 36계 줄행랑이 최선이라는 것이었다. 인도에서 교통사고가 났을 경우에 가해자가 군중들에게 집단 폭행을 당해 죽었다는 소문을 듣기는 했었지만 실제로 내 눈앞에서, 비록 큰 사고는 아니었지만 내 친구가 교통사고를 내고 비겁하게 도망치는 것을 보고 아무리 그런 문화를 가졌다고 하더라도 양심에 가책을 느껴 한동안 옛날처럼 편하게 그 친구를 바라본다는 게 쉽지 않았다. 지금은 세월이 많이 지났으니 인도도 사회시스템이 많이 발전해 변해 있으리라고 기대를 해 본다.

이런 저런 곡절을 겪으며 친구들을 만나보는 일정을 마무리하고 티벳 명상 일정에 맞춰 다람살라(Dharamsala)를 가기 위해 일정대로 다시 뉴델리로 돌아와 올드 델리에서 빠탄코트(patankot)행 기차를 탔다.

인도에서의 버스여행은 정말 불편하다. 차도 노후되어 거의 박물관에 있어야 할 것 같은 버스들이 운행되고 있어서다.

특히 남인도보다 북인도가 심하다. 물론 장거리행 버스는 좀 나은 편이지만 나는 그래도 버스보다 기차여행을 선호한다.

다람살라*는 기차노선이 없어 빠탄코트에서 내려 버스로

갈아타고 들어가야 한다.

*다람살라(Dharamsala) : 다람살라는 1959년 티벳의 14대 달라이 라마가 중국군의 침공을 피해 티벳을 탈출하여 인도 정부의 공식적인 승인을 받아 티벳 망명정부를 세운 곳으로 달라이라마가 거주하고 있는 주변을 둘러싸고 티벳인들이 정착촌을 형성하고 있는 곳이다. 티벳 사람들의 실질적인 정착촌은 다람살라에서 북쪽 산기슭으로 약 10km 정도 떨어진 맥클로드간즈(Mcleodganj)라고 하는 곳이다. 외지에서 들어가거나 나갈 때 장거리 버스가 맥클로드간즈에서 승

맥클로드간즈에서 내려다 본 다람살라

맥클로즈간즈

멀리서 바라본 다람살라 뒷산 해발 6000m 다올라다르산

해발 2800m 트리운드 전망대에서 바라본 다올라다르산

객을 태우고 바로 나가고 들어오는 경우도 있지만 다람살라에서 내려서 맥클로드간즈로 가는 버스를 갈아타는 경우도 있다.

다람살라는 영국의 식민지 시절부터 영국인들의 여름 휴가지로 유명했다. 현재에도 인도인들에게 있어서 인도의 여름철 살인적인 더위를 피해 오는 피서지로 유명하다. 원래 맥클로드간즈를 포함한 다람살라는 힌두교 순례자들을 위한 마을이 형성되어 있었지만 1905년 북인도를 덮친 대지진으로 인해 20,000명이라는 많은 사람들이 희생되면서 마을이 폐허가 되었다가 영국군 부대가 주둔하면서 영국인들의 여름휴양지로 각광을 받았다.

이후 1959년 달라이 라마가 이곳에 정착하면서 티벳인들이 개발하여 지금에 이르고 있다. 당시 인도 수상 자와할랄 네루는 달라이 라마에게 이곳에 정착을 허락하면서 숲속의 유령도시를 개발하게 되어 좋아했다고 한다.

티벳 모모(만두)와 야채스프

인도의 기차는 A.C 2등(에어컨이 있는 2등 칸)과 A.C chair(에어컨이 있는 의자에 앉아 가는 칸), 에어컨이 없는 1등 칸, 3등 칸으로 나누고 A.C chair칸 만 빼고 모두 침대칸으로 운영한다.

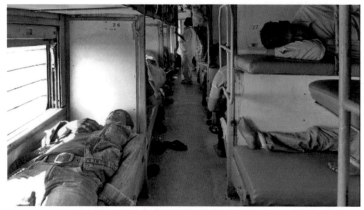

3등칸 기차

낮에는 예약승객이나 입석승객 할 것 없이 마주 앉아 갈 수 있는 좌석으로 이용하지만 밤에는 침대로 전환하여 누워 잠을 잘 수 있게 의자를 접었다 폈다 할 수 있는 구조로 만들어져 있다.

물론 에어컨이 작동하는 고급 칸일수록 예약손님만 한정하여 태우기 때문에 낮에도 어느 정도 여유 있게 자리를 잡고 앉아 갈 수 있지만 3등 칸의 경우는 예약승객이나 입석승객 할 것 없이 모든 승객이 한꺼번에 몰려 타기 때문에 우왕좌왕 이리 밀리고 저리 밀리다가 물건을 잃어버린 경험도 있다.

인도에서 기차를 타고 10시간 정도의 여행은 그렇게 긴 여행이 아니다. 나는 북쪽에서 남쪽으로 68시간을 여행해 본 적도 있었다.

인도의 수도 델리는 뉴델리(New Delhi)와 올드 델리(Old Delhi)로 나누어져 있다. 나는 올드 델리에서 빠탄코트행 기차를 탔다. 빠탄코트까지는 8시간 정도 걸리는 여정이다. 이 정도 여정은 그냥 입석으로 앉아서 가도 거뜬하다. 그러나 보통 저녁에 출발하는 밤기차를 타게 되면 밤에는 예약을 한 승객들이 의자를 침대로 바꿔 잠을 자도록 자리를 비워줘야 하기 때문에 내가 잠을 자든 안 자든 예약을 해서 가야 편하게 여행할 수 있다. 그렇지 않으면 모두가 좌석을 침대로 전환하여 침대로 만들어 누워서 잠을 자기 때문에 앉을 데가 없어 통로 바닥에 쭈그리고 앉아 가야 하는 불편을 감수해야 한다.

일반적으로 낮에는 입석승객이나 예약승객 할 것 없이 서로 마주 보고 앉아 이야기도 하고 심심하면 먹을 것도 나눠 먹어가면서 외국인에 대한 호기심이 많은 인도 사람들의 질문을 받아가면서 나도 인도인들에 대한 궁금한 것들을 물어보면서 이런 저런 얘기를 하면서 여행을 하게 된다.

이 날도 서로 우연하게 마주 앉은 인도인 젊은 친구가 어디서 왔냐고 물어왔다. 그래서 한국에서 왔다고 하자 느닷없이 한국 사람들은 개고기를 먹지 않냐고 물었다. 만나자 마자 한국 사람들 일부가 먹는 개고기를 가지고 혐오스럽다는 듯이 물어 와서 살짝 기분이 상해 속으로 그래 너 잘 만났다 생각하면서 내가 되물었다.

나는 인도인들이 개고기를 안 먹는 줄 뻔히 알면서도, 너희들은 개고기 안 먹느냐 그랬더니 자기네들은 안 먹는다고 했다. 그래서 내가 바나나는 먹느냐는 당연한 질문을 했더니 당연히 먹는다고 했다.

그래서 다시 인도에는 길가에 많은 개들이 있는데 만약에 길가에 죽은 개가 있다면 어떻게 처리하느냐고 했더니, 그대로 방치하든가 아니면 아무 데나 갖다버린다고 했다. 그래서 죽은 개들을 바나나 나무 밑에도 갖다 버리느냐고 했더니 그렇다고 했다.

그래서 만약에 바나나 나무 밑에 갖다 버리면 개는 곧 썩어서 분해되어 바나나 나무의 자양분으로 흡수될 것이고, 죽은 개의 사체를 자양분으로 먹고 자란 바나나 나무는 바나나라는 열매를 맺고 그 열매는 네가 먹었지 않았느냐 그래서 너도 개고기를 먹은 것이라고 했더니 의아한 얼굴로 나를 쳐다보았다.

나도 개고기를 직접 먹어보지는 않았지만 누구나 다 간접적으로 먹을 수밖에 없다고 본다. 개고기뿐이겠는가? 우리 주식인 쌀을 비롯해서 수많은 야채들과 가축, 생선 등 각양각색의 다양한 음식들을 먹음으로써 이들이 우리 몸에 들어와 우리 몸을 구성하는 에너지원으로 쓰일 것이다.

물론 이 음식들이 그들이 갖고 있는 유전인자 그대로 우리 몸에 축적되어 활용되는 것은 아니고 영약학적으로 분해되어 우리 몸에 재편성되겠지만, 그래도 그 기질 그 성질, 소위 말하는 유전적 기질은 다른 영양소로 바뀐 그 어딘가에 남아 있어 우리 몸에 흡수 저장된다고 본다.

그래서 영국 출신 후성유전학자 네사 캐리(Nessa Carey)의 "유전자는 네가 한 일을 알고 있다(The Epigenetics Revolution, 2015)."라는 말처럼 유전자는 그가 과거에 무슨 일을 하고 무슨 일을 겪었는지 다 기억하고 있다는 것이다.

물론 유전자는 바뀌지 않는다고 하는데, 유전자는 바뀌지 않더라도 원래 갖고 태어난 유전인자들에 새로운 환경에 의한 먹고 마시고 생활하면서 교육을 받고 학습에 의한 물질적·물리적·심리적·정신적 모든 행위와 생각, 의도 등에 의한 기질 基質들이 기존 유전인자들의 특정 부위에 들러붙어 그 사람의 영구적인 기질이 되어 다음 세대에게 물려주면서 이 역시 유전인자가 된다는 것이다.

내가 먹은 소고기·돼지고기의 단백질이 내 몸을 구성하는 물질로 저장되면서 소나 돼지가 가진 유전인자를 그대로 받아들여 내가 소처럼 울고 돼지처럼 꿀꿀거리며 땅에 코를 처박고 다니지는 않더라도 그들이 가진 기질들은 내 자신의 토대

가 되는 유전자 어딘가에 남아 있으면서 내가 하는 말이나 행동, 생각 속에 돼지나 소가 하는 행위들이 인간인 나에게서 전이되어 은연중에 발현되고 있는데, 나는 소나 돼지와 같은 동물이 아닌 인간이라고 하는 다른 개체라는 말 때문에 간과되고 있는 것은 아닌지 한번 생각해 볼 일이다.

　가장 흔한 말로 인간도 동물이다라는 말을 하면서 남을 비난하든지 욕을 할 때 짐승 같은 놈, 내지는 소 같은, 개 같은 놈이라는 말들을 흔히 하지 않는가.

이 말은 나에게도 너에게도 소나 돼지, 개의 기질이나 성질을 가지고 있다는 말과 같고, 인간들은 때로는 개 같은 말과 행동을 하고 소 같은 행동을 하고 심지어 짐승보다 못한 인간이라는 말을 들어가면서 그렇게 살아간다. 이러한 성품과 기질들은 다 어디서 온 것일까?

내 몸에는 7500만 년 전 생쥐의 유전자, 700만 년 전에 침팬지의 유전자를 선조들로부터 물려받았을 뿐 아니라 개나 소, 말, 돼지… 등과 같은 짐승들의 유전인자도 이미 물려받았고, 우리가 일상에서 먹고 있는 야채들에 들어 있는 유전인자들도 물려받아 이들이 갖고 있던 좋고 나쁜 기질들 역시 가릴 것 없이 다 물려받은 것이다.

지금까지 과학이 밝혀낸 각 물질들의 성분검사를 보면 소·돼지와 같은 짐승에 들어 있는 철분, 비타민 A·B, 인, 칼슘, 나이아신 등은 쌀에도 들어 있고 고구마, 양배추 등과 야채에도 들어 있다. 이 말은 성분들이 많고 적고의 차이는 나지만 대부분의 성분들이 지구상에 존재하는 모든 물질들에 혼합되어 섞여 있다는 것을 알 수 있고, 이것들을 먹고 사는 인간들도 이들과 다를 바 없이 같은 유전자들을 가지고 있다는 것이다. 선과 악뿐 아니라 좋고 나쁜 모든 유전인자들을 인간이나 짐승이나 야채나 곡물이나 상호 간에 공유하고 있으면서 본질에서는 같음을 인정해야 한다. 다른 동식물들은 신경 쓰지 않아도 되지만 특히 지성을 가진 인간들은 인정을 하고 어떻게 하면 함께 잘 살아갈 것인가를 고민해 봐야 한다. 이때 비로소 지구 상에는 평화가 올 것이다. ◈

선과 악

"인간은 태어나면서 예외 없이
업, 십자가, 원죄를 가지고 태어난다.
왜냐면, 이미 유전인자에
윤회의 씨앗과 업(業)이
내장되어 있기 때문이다."

태초에 선과 악은 존재했을까? 아니면 존재하지 않았는데 인간이 만들어낸 것일까?

인간을 포함한 생물은 생식을 통해 자손을 남긴다. 인간은 태어나면서 엄마의 유전자 50%, 아빠의 유전자 50%를 나눠 갖고 태어난다. 어머니의 유전자 50%, 아버지의 유전자 50%를 물려받은 나는 아버지, 어머니의 장점이든 단점이든 그 분들의 유전자를 50%씩 물려받았으니 그 분들의 안과 밖으로 드러난 모든 행동 패턴과 사고 방식들과 장·단점, 그분들이 지난 과거에 행하였던 악한 행위나 선한 행위를 가릴 것 없이 좋고 나쁜 유전자 모두를 반반

씩 나눠 물려받았다.

그렇게 장·단점을 물려받은 유전자에는 좋고 나쁜 모든 행동양식과 생각하는 방식, 의식 수준, 등 그 어떤 부분도 빼놓을 것 없이 반반씩 물려받은 것이다.

나는 부모님의 선한 부분만 50% 물려받아야지 하거나 아니면 악한 성질만 물려받아야지 하는 게 마음대로 안 된다. 그래서 선과 악 구분 없이 다 섞여서 물려받았다.

옛날 중국의 맹자孟子는 사람은 태어나면서부터 선善한 성품을 가지고 태어나는 성선설性善說을 말하였고, 순자荀子는 성악설性惡說을 주장하였다고 하는데 둘 다 맞지 않는 말이다.

인간은 이미 유전적으로 태어나면서 선과 악 둘 다를 부모로부터 물려받아 태어났다. 게다가 태어나면서 내 스스로 가지고 나온 것은 아무것도 없다.

나는 누구나 좋아하는 멋진 외모로 밝고 활기찬 성질과 기질을 가지고 무엇이나 잘하는 탁월한 능력을 가지고 무엇 하나 부족함 없이 멋진 삶을 살아가야지 하면서 태어난 것도 아니다.

심지어 내 스스로 태어나고 싶어서 태어난 것도 아니다. 흔히 말하는 천생연분 내지는 하늘이 맺어준 연緣에 의한 부모의 결합에 의해 태어났고 내가 갖고 태어난 것은 외모에서부터 모든 것을 부모로부터 반반씩 물려받은 것뿐이다. 내가 부모로부터 반반씩 물려받은 것처럼 다른 사람들도 마찬가지로 그들의 부모로부터 반반씩 물려받았다. 미국 국적을 가진 미국 사람도, 일본 사람도, 영국 사람도, 동서양을 막론하고 모든 지구상의 인간들은 그들의 부모로부터 물려받았다. 한마디로 말해 인간은 어느 민족 어느 인종을 막론하고 선과 악이 섞인 잡종으로 태어났고 인간은 그냥 잡종인 것이다.

그렇다면 동식물은 어떤가?

동물들끼리도 물고 뜯고 싸우는 것을 보면 그들에게도 악이 있고, 물론 자신을 보호하겠다는 의도이긴 해도 식물에도 가시를 가지고 있고, 독성을 가지고 그것을 먹는 사람이나 동물을 죽이는 것을 보면 인간이 가진 개념으로는 동·식물에도 선과 악이 존재한다.

이렇게 인간이나 동·식물들도 선과 악, 장점과 단점 할 것 없이 모두 가진 것을 보면 인간을 포함한 모두가 잡종인 것은 똑같다.

내 부모를 비롯한 모든 부모들이 선하기만 하든지 악하기만 하든지 둘 중의 하나만 가진 순종이 아니기 때문에 나도 선과 악을 함께 물려받아 태어난 것이다. 이렇게 물려준 부모들 역시 부모님의 부모인 할아버지, 할머니의 성질과 기질을 물려받았고, 할아버지와 할머니는 할아버지, 할머니의 부모인 증조할아버지, 할머니로부터 물려받아 태어났으며, 증조할아버지, 할머니는 증조할아버지와 할머니의 부모인 고조할아버지, 할머니로부터 유전인자를 물려받아 태어났기 때문에 누구 탓할 것 없이 모든 집안은 너나 나나 할 것 없이 대를 이어 선과 악이 혼재된 잡종인 상태로 태어난 것이다.

　이렇게 계속해서 수많은 대를 이어 끝도 없이 올라가다 보면 호모 사피엔스, 호모에렉투스, 호모 하빌리스, 오스트랄로피테쿠스… 원인原人에까지 이어지고, 나중에 인류의 혈통과 비슷하다는 오랑우탄이나 침팬지와 같은 유인원類人猿에 이를 것이다.

　인간의 개념으로 뺏고, 훔치고, 싸우고, 죽이는 것이 악이고 어미가 새끼에게 젖을 물리고 먹을 것을 갖다 주는 것이 선이라면 현재의 인간은 인류의 조상이라 일컫는 유인원들로부터 이미 선과 악을 물려받은 것이다.

그렇다면 이 유인원들은 또 어디서 진화되어 온 것이며, 유인원들의 선조는 누구란 말인가?

과학이 발달하면서 생쥐가 가지고 있는 유전자, 침팬지가 가지고 있는 유전자, 돼지가 가진 유전자 등 대부분의 동물들의 유전자 가운데 97~99%가 인간에게서 발견된다고 한다.

그 말이 사실이라면 이들이 가지고 있는 유전자 97~99%가 인간과 닮았다는 얘기이다. 이 말은 짐승들과 인간은 동족이라는 말과 같고, 이뿐만 아니라 7500만 년 전까지 쥐와 인간은 같은 조상을 갖고 있다가 분리되었다고 한다.

돼지는 8000만 년, 침팬지는 600~700만 년 전에 인간과 분리되었다고 한다. 그래서인지 몰라도 생쥐가 하는 짓이나 침팬지가 하는 짓이나 돼지가 하는 짓이나 인간이 하는 짓이 모두 똑같거나 비슷한 짓을 하는 게 한둘이 아니다.

위험이 감지되면 경계를 하고, 숨어서 눈치를 보고, 다급하면 도망치고, 배고프면 먹을 것에 달려들고, 괴로우면 소리를 지르고… 이러한 것들이 본능이라고 말하겠지만 본능이라고 하더라도 같은 유전자가 없다면 어떻게 똑같거나 비슷한 행동이 돼지나 인간, 생쥐에게서 나올 수 있겠는가.

인간의 진화는 이렇게 끝없이 이어져 있고 그 유전자들을 물려받아 태어나 살아가면서 주어진 환경에 따라 학습과 경험에 의해 새로운 유전자를 만들어 가고 있고, 동시에 새로운 업業(karma)도 쌓아가고 있다.

반면 인간의 모습과 침팬지의 외적인 모양과 쥐와 인간의 외적인 모양이 너무나 다른데 어떻게 99%의 유전자가 같다는 말이 가능한가. 그런데 외적인 모양과 형태는 다르지만 인간이 가지고 있는 귀나 코, 입, 장기들, 몸에 나 있는 털, 손톱 발톱 등 이러한 것들 역시 동물들도 갖고 있으면서 인간이나 짐승들이나 같은 기능과 역할을 하고 있다. 일일이 다 나열할 수는 없지만 이러한 부분들이 인간과 짐승들이 가지고 있는 97~99%의 동일한 유전자의 덕분이 아니겠는가.

숫자상으로 97~99%라는 수치는 엄청나게 많이 닮아 보이는데 실질적으로 우리 눈에 보이는 인간과 침팬지, 그리고 생쥐나 돼지의 외모, 생활습성, 사고능력 등과 같은 인간과 동물, 짐승들이 차이가 나는 이유는 무엇일까 했을 때 그것은 바로 1~3%의 유전자 차이에서 난다는 것이다.

유전자의 차이는 인간이 생쥐나 돼지, 유인원으로부터 분화해 나오면서 생겨난 것으로 1~3% 차이라는 것이 숫자적으로는 사소해 보이지만 실제로는 엄청난 차이와 의미를 가지고 있다.

인간과 다른 생물들과의 1~3%의 차이 중 인간은 사지四肢

대신 직립으로 걸어 다니고, 짐승들은 맨발로 다니고 인간은 발을 보호하기 위해 신발을 신고 다닌다는 차이가 있고, 삶의 편리함을 위해 짐승들은 걸어 다니지만 인간은 자동차를 개발하고 심지어는 비행기를 개발해서 날아다닌다.

무엇보다 가장 큰 차이는 인간은 지성知性(buddhi)를 가졌다는 것이다. 1~3%의 차이가 이렇게 크게 나게 하는 이유는 인간만이 가진 지성의 개발과 진화에 의한 것이다.

인간과 짐승이 두뇌를 가졌다는 사실은 닮은꼴인 97~99%에 해당한다. 그런데 같은 뇌를 가진 인간은 자기개발과 진화에 진화를 거듭한 결과 산업과 과학을 발달시키고 지금에 이른 가장 큰 원인은 좋고 나쁜 것을 구분하고 나누고 쪼개고 분석하기를 좋아하는 지성知性에 의한 것이다.

인간이 발전시킨 인간의 지성知性은 자연의 섭리와 질서, 구조를 완전히 바꿔 놓았을 뿐만 아니라 인간의 능력을 신의 영역이라는 창조의 영역까지도 넘어서고 있고, 신을 쓸모없는 존재로 만들고 있다. 인간이 지성을 발달시키고 새로운 물건들을 만들어내고 개발한다는 것은 진화의 과정이고 창조이다.

이와 같은 인간의 진화와 창조는 놀랍고 대단한 것으로 모두가 지성에 의한 것이다.

진화론에 따르면 태초의 생명은 단세포에서부터 시작되었

다고 한다. 단세포가 다세포로 진화하고 다세포는 척추동물로 척추동물은 양서류, 파충류로, 파충류는 포유류로, 포유류는 인간을 포함하는 영장류로 진화와 분화를 거쳐 인간에 이르고 있다.

이렇게 진화해 오는 과정에 선과 악은 어디서부터 시작된 것일까?

그리고 선과 악의 개념은 인간 외의 다른 생물들에게도 존재하는 것일까?

그래서 인간이 유인원과 생쥐 등으로부터 분리되기 전에는 선과 악이 존재하지 않았을까?

확신하건데 이때도 선과 악은 존재하였을 것이다. 왜냐면, 유인원을 비롯한 돼지와 생쥐 등도 먹이 경쟁과 영역다툼에서 그냥 곱게 지나갔을 리가 없다.

마찬가지로 최초의 원시세포 역시 처음에는 각자 먹을 만큼만 먹고 생존하였을 것이다.

그러나 세월이 수백 수천만 년이 흐르면서 기후와 자연 환경 등에 변화가 생기고 번식을 통해 집단을 이루고 크고 작은 다른 종들도 생겨나면서 먹이경쟁과 영역다툼에서 살아남기 위해 본능적으로 서로 쟁탈전을 벌였을 것이다.

본능적인 뺏고 뺏기는 쟁탈전을 인간의 개념으로 선한 행위로 볼 수 없다면 이것은 악에 속하고, 악은 원시세포에서부터 시작된 것이다.

그런데 이러한 행위를 원시세포의 입장에서 본다면 아무런 악의가 없이 생존을 위한 단순한 생명활동일 뿐이었다.

따라서 아무런 악의惡意가 없는 이러한 본능적인 행위도 악이라고 볼 수 있을까? 악의惡意 없는 악은 악惡이 아니다. 그러나 이 역시 업業이 되고 유전이 된다.

이렇게 전이된 유전인자들은 본능적·무의식적으로 표출된다. 본능적이고 무의식적으로 나오는 행위들은 영혼 없는 행위로 봐도 무방할 것이다.

인간과 동물, 생물들과의 가장 큰 차이는 인간에게는 지성이 있고, 동물과 생물에게는 지성이 없다는 것이다.

지성이란, 지각기관에 의해 받아들인 정보를 나누고 쪼개고 분석하고 정리하여 새로운 인식이나 개념을 만들어 내는 마음 혹은 의식, 정신작용이다.

인간과 동물은 똑같은 지각기능을 가지고 있지만, 동물들은 지각기능을 통해 들어온 여러 가지 정보를 본능적으로 대처하는 반면 인간은 지성을 가지고 나누고 쪼개고 분석하여 새로운 개념이나 인식을 만들어 낸다. 더불어 지성은 사용하면 할수록 발달하면서 진화한다.

그래서 원시세포나 유인원이 행한 악의 없는 악은 그들에게는 악의가 없기 때문에 악이라고 할 수 없지만 유인원이 지성을 가진 인간으로 진화한 후에는 악의가 없던 악이 악의가 있는 악으로 진화하면서 선과 악이라는 개념이 탄생하게 된 것이다.

선善과 악惡은 처음에는 없었다. 유인원에서 지성을 가진 인간으로 진화한 인류는 언어를 개발하면서 급진적인 의식 개혁이 일어났다.

그 동안 본능적으로 악의 없이 수행해 오던 단순한 행위들에 언어적 의미를 부여하면서 네 것 내 것을 구분하고, 좋은 것 나쁜 것을 구분하고, 선과 악의 개념이 형성되고, 점차 시간이 흐르면서 아무것도 없던 것에서 다양한 구분과 개념들이 만들어지면서 고착화되었고, 나아가 다원화되었다.

이렇게 한번 정해지는 개념과 규정들은 고착화하여 유전이 되고, 유전은 업業(karma)이 되어 대를 이어 전해지고 윤회 재생하면서 우주에 만연하게 된 것이다.

이와 같은 모든 현상의 바탕에는 지성知性이 있다. 따라서 지성을 통제하고 억제하면 모든 차별과 분별을 넘어 그것이 무無가 되었든 공空이 되었든 아뜨만(atman, 참 자아)이 되었든 모든 것은 하나로 귀결된다. 이것을 불이일원론不二一元論이라

한다.

여기서 말하는 하나(一元論)는 인도철학에서 말하는 참 자아 '아뜨만(atman)'이냐고 반문할 수도 있겠지만, 있고 없고의 이분법二分法적 생각 너머에 있는 것이 본질이다.

그래서 참 자아 '아뜨만'은 있어도 없는 것이 되고, 없어도 있는 것이 된다. ❀

我即是空
空即是我

무상함의 진리

"일정한 패턴으로
끊임없이 반복되는 일상이
지루함과 무의미한 삶의 연속일 것 같지만
그 속에 적극적인 삶과 희열과 즐거움이 있다면
믿을 수 있겠는가?
게다가 삶의 의미가 가득 들어 있다면
믿을 수 있겠는가?"

인도철학에 인중유과론因中有果論(satkaryavada)이라는 말이 있다. 결과는 원인 속에 잠재되어 있는 형태로 존재하고, 반대로 원인은 결과 속에 나타난다고 했다. 어떤 사람이 개와 같은 성질을 가지고 있다면 그가 개와 같은 성질을 갖게 된 원인이 있었을 것이다. 반면 어떤 사람이 천사 같은 성품을 가지고 있다면 그 역시 천사 같은 성품을 갖게 된 동기나 원인이 있었을 것이다.

단순하게 말해서 치즈는 우유로 만들었으니 치즈 속에는 우유 성분이 들어 있다는 것이고, 옷은 천으로 만들었으니 옷에는 천의 성분이 들어 있다는 것이다.

물론 치즈를 들고 우유라고 말하는 사람도 없고, 옷을 들고 천이라고 말하는 사람도 없다. 우유가 치즈로 바뀌었고, 천이 옷으로 바뀌었으니 그 우유는 더 이상 우유가 아니라 치즈이고, 그 천은 옷으로 바뀌었으니 더 이상 천이 아닌 옷이라고 하는 인중무과론因中無果論(asatkaryavada)도 있다. 그런데 우유가 가지고 있던 기질, 천이 가지고 있던 기질과 성질은 치즈나 옷 속에 남아 있지 않겠는가. 그래서 치즈는 무엇으로 만들었냐고 하면 우유로 만들었다고 대답을 한다.

진화도 이러한 과정을 거치면서 인간은 침팬지로부터 진화해 왔으니까 인간에게는 침팬지의 유전인자가 99%나 들어 있는 것이고, 침팬지가 얼굴을 긁는 모습이나 침팬지 새끼를 옆구리에 끼고 육아를 하는 것을 보면 이 같은 행동은 인간들에게서도 똑같이 발견된다.

마찬가지로 다른 짐승들의 유전인자도 그만큼 가지고 있으니까 인간은 분명 짐승으로부터 진화되어 온 게 틀림없다.

치즈 안에는 우유 성분이 들어 있고, 인간 안에는 침팬지의 유전인자가 99%나 들어 있다.

1~3%의 차이는 수천, 수억만 년의 진화를 해온 결과이다. 그래서 진화에는 오랜 시간이 걸리는 작업이라고 말한다. 그러면서 앞으로도 계속 진화해 나갈 것이다.

시간은 많은 것을 변화시키지만 눈에 띄는 것도 있고 눈에 띄지 않으면서 서서히 진행되는 것도 있다. 변화는 일어나고 있지만 우리가 눈으로 보지 못할 뿐 지금 이 순간에도 시시각각 변화하고 있다.

이 변화는 진화의 과정이고 진화는 차이를 만들고 변화를 만든다. 수백 수천만 년 뒤의 인류의 모습이 어떻게 변해 있을지 궁금하다.

현재와 수백 수천 년 뒤에는 어떤 차이가 날까? 굳이 수백 수천만 년까지 갈 필요도 없이 100년, 200년 뒤의 지구와 인간은 어떤 모습으로 변해 있을까? 과학의 발달로 자동화된 시스템 속에서 더 편리하고 안락한 생활을 누리면서 정서적으로 심리적으로 더 행복하게 살고 있을까?

확신하건데, 지금과는 전혀 다른 모습으로 미래 영화에서나 나올법한 세상이 되어 있을 가능성이 크다. 극단적인 생각일 수 있으나 심장의 피는 차갑게 식었고 머리(뇌)는 컴퓨터처럼 기계화된 모습으로 마치 인조인간처럼 정형화된 모습으로 살아갈지도 모른다.

컴퓨터가 발달하고 AI가 개발되고 로봇이 개발되어 웬만한 일들은 인공지능을 가진 AI와 로봇이 컴퓨터를 통해 해결하고, 일상생활에서 일어나는 작은 해프닝이나 문제 해결 역시도 이성적인 인간의 판단에 맡기는 것이 아니라 AI가 판단하고, 실질적인 오락이나 취미활동, 운동은 메타버스(metaverse)에 중독된 사람들이 가상세계에서 심리적인 대리 만족으로 해결하고, 사람도 시험관아기나 복제로 만들어 내면서 인간과 인간과의 교류가 거의 없어지게 된다. 인간과 인간과의 교류가 없다 보니 인간과 인간과의 만남이 오히려 낯설고 어색한 이상한 세계에 살면서 현실과 가상의 세계를 구별하지 못하는 세계에 살아갈 수도 있을 것이다.

이러한 세상에 적응하지 못한 이성적인 인간들은 이들을 피해 산이나 지하로 들어가 그들 나름대로 인간성을 유지하려고 애를 쓰면서 또 다른 자연인의 모습으로 살아갈 수도 있을 것이다.

인간과 동물, 그 외 모든 살아 있는 생물들은 환경의 지배를 받는다. 환경의 지배를 받으면서 산다는 것은 이 또한 진화를 의미한다. 사회 환경이 컴퓨터와 AI, 로봇, 메타버스로 구성된다면 사람의 인성도 그렇게 변해갈 수밖에 없다. 이것 역시도 진화라고 봐야 할 것이다.

전쟁터에서 전쟁으로 인해 한 가족이 처참하게 몰살당해 피범벅이 된 가족사진을 보고도 이게 뭐가 잔인하냐고 반문을 하던 6살 난 컴퓨터게임광의 어린아이를 본 적이 있다.

이 어린아이가 즐기는 컴퓨터게임에는 이보다 더 잔인하고 잔혹한 모습으로 게임을 한다는 것이다. 아이가 성장하면서 긴 시간 동안 이러한 게임에 노출되어 있으면서 뇌에 자동으로 잔인함과 잔혹성이 입력되어 있는 상태에서 AI와 메타버스 등으로 세상을 살아간다고 생각해 보면 앞으로의 미래는 지금과는 완전히 다른 세상이라고 보는 게 타당할 것이다.

현실과 게임, 메타버스와 실제의 차이를 못 느끼며 살아가던 이 아이에게 현실에서 실질적인 어떤 상황이 벌어지면 그의 뇌에 입력되어 있던 그 모든 일들이 현실에서 아무렇지도 않은 행동으로 나올 것이다.

자신이 저지른 현실세계에서의 잔혹함을 오히려 가상세계보다 덜 잔혹하다고 여길지도 모른다.

이 모두가 물질적 현상만이 전부인 양 살아온 결과이다. 특히 산업화와 자본주의가 대세가 되면서 인간의 지성은 자본에 고착화되어 현재의 삶은 모든 게 오로지 물질과 자본(돈)으로 연결되어 있다.

이렇게 된 이유는 간단하다. 인간의 두뇌가 진화하고 발달하면서 산업과 과학이 발전하고, 그 산업과 과학의 발달로 인해 생활의 편리함을 위해 개발된 과학과 돈에 자본주의가 연결되면서 인간의 이성과 지성이 자본주의에 넋을 빼앗겨 인간의 피를 찾아 살아 있는 인간들만을 쫓는 영혼 없는 좀비들처럼 인간의 이성과 지성이 물질숭배와 이기심에 물질만을 쫓는 세상이 되어 버린 것이다.

이것도 진화의 과정이긴 하다. 그래서 현재의 추세와 현상대로라면 앞으로도 더 냉정하고 잔인한 형태로 진화가 진행될 것으로 보이고, 더 각박한 삶 속에서 인간은 그러한 환경에 적응하면서 진화해 갈 것이기 때문이다.

그러나 그것도 어느 정도의 시간이 지나면 새로운 세상을 만날 것이다. 왜냐면 지구의 나이가 45억 살이라는데 그동안 몇 번의 지각변동을 거쳐 생물이 멸종과 새로운 종의 탄생과 남아 있던 생물들의 진화에 따라 변화해 왔듯이 앞으로도 같은 수순을 반복하면서 지구 스스로 자정自淨 과정을 계속 이어갈 것이기 때문이다.

가이아(GAIA)의 저자 제임스 러브록은 현재 정도의 환경파괴는 지구의 자정능력으로 지구 스스로 해결 가능할 것이라고 말했지만 그러나 모든 것은 과유불급過猶不及이다.

지금과 같은 지구의 환경파괴는 완전한 지구의 파괴를 가져와 지구 자체가 아예 사라져 없어질 지도 모른다. 지구가 어떻게 되든 인류가 어떻게 진화하든 변화한다는 것은 영원한 것이 없다는 말이다. 영원한 것이 없다는 말은 무엇이나 항상 변화하고 있다는 것을 말한다. 그렇게 변화하는 것은 무상無常하다고 말한다. 지구라고 해서 영원할 수는 없는 것이다.

나타났다 사라지는 무상함 속에서 변화와 진화가 시시각각 일어나고 있고, 세상에 영원한 것은 없다고 하지만 이렇게 변화하는 것 자체가 영원한 현상이다. 이러한 변화는 우주를 포함한 삼라만상森羅萬象 모든 것에서 일어나고 있고, 이렇게 변화하는 현상은 어디에나 보편적으로 일어나고 영원히 일어날 것이다.

변치 않는 영원한 것은 진리眞理이다. 그래서 변화하는 현상이 영원한 변화는 진리眞理이다. 변화가 진리이고, 변화하는 것은 무상無常한 것이라면 무상한 것도 진리가 된다. 그래서 무상함 속에는 진리가 있다.

일반적으로 무상함은 덧없고 허무한 것으로 생각하겠으나 진리眞理가 들어 있는 알고 보면 무상함 속에는 덧없고 허무한 것과는 전혀 다른 놀라운 세상이 숨어 있다.

진리는 보석과 같아서 찾은 사람에게만 보석으로 빛이 난다.

변화무상함 속에서 진리를 깨달은 사람을 '무상함의 지혜智慧를 깨달은 사람'이라고 한다.

무상함의 지혜를 깨달은 사람은 무상함 속에서 지고至高한 행복과 희열(ananda)로 충만한 신세계를 발견하고 나머지 그의 삶은 그와 같은 새로운 세계에서 지고한 행복을 홀로 누리며 살게 될 것이다.

이것은 본질적本質的 인간성人間性과도 연관聯關되어 있다. ◉

나는 누구인가 I

"I am here."
"알아차림"이라
해석한다.

과학에서는 우주와 지구의 탄생을 빅뱅(big bang)이론에서
찾는다.

인간이 만들어지기 전에 지구가 먼저 탄생했다고 하는데,
지구는 45억 년 전에 형성되었다고 한다.

45억 년 전에 어떤 상황이었는가는 아무도 모르고 추측만 난무할 뿐이지만, 현재 과학에서는 대략 138억 년 전에 작은 점 하나에서 빅뱅(big bang)이라는 것이 발생하면서 그때부터 우주가 형성되었다고 말한다.

지구는 45억 년 전 만들어지기 시작하여 원시지구 형태로 지내오다가 40억 년쯤에 수많은 행성들과의 충돌에 의해 불덩어리 같은 지구와 달이 만들어졌는데, 표면은 용광로처럼 이글거리며 모든 것을 녹이고, 대기에는 녹인 뜨거운 기체상태가 1000만 년~200만 년을 지속하다가 서서히 식으며 지구의 표면에 지각이 만들어지고, 대기의 수증기와 지구 표면의 마그마가 식으면서 발생하는 수증기가 합쳐져서 비가 내리고 그치기를 수백 수천 년 동안 계속 반복하다 보니 강과 호수, 바다가 만들어졌다는 것이다.

물이 있고 대기 중에는 여러 가지 화학물질들이 서로 화학반응을 일으키면서 생명체가 탄생할 수 있는 환경이 만들어졌고, 이를 통해 원시세포가 만들어지고 나아가 세균이 만들어지고 더 나아가 단세포가 만들어지고, 단세포가 다세포로 진화하면서 현재에 이르고 있다고 한다.

만약 이것이 사실이라면 이때 최초로 탄생한 원시세포 루카(Luca)로부터 인간도 시작된 것이라고 볼 수 있다.

루카가 사실인지 아닌지를 접어두고서 과학의 발달로 밝혀낸 인간은 진화를 거듭하면서 8000만 년 전에 돼지와 분리되었다고 한다. 그렇다면 돼지는 무엇으로부터 진화되었겠는가? 그 이전으로 거슬러 올라가면 결국은 단세포에 이르는 것이다.

　　그래서 우리 몸은 단세포적인 기능도 하고 있고, 돼지, 침팬지의 유전인자도 내포되어 있으며, 그동안 진화하면서 전해진 모든 생명체가 가진 유전물질의 종합체로 움직이고 있다.

　　물이 생겨나면서 복잡한 화학작용을 거쳐 태초의 생명이 물에서 탄생하게 되었다는 얘기이다.

생명체가 물에서 탄생했다는 이야기는 놀랍게도 기원전 8세기 인도의 오래된 고전 우빠니샤드에도 나와 있다.(아이따레야 우빠니샤드 1장 1편 1절~3절)

빅뱅이 대략 138억 년 전, 하나의 작은 점이 폭발하면서 우주가 만들어져 지금에 이르고 있다고 한다.

그리고 이 점들이 하나씩 폭발할 때마다 하나의 은하계가 탄생했다고 한다. 이 점은 작지만 엄청난 폭발력을 지닌 것이라고 하는데, 이 하나의 작은 점은 어디서 온 것일까?

그리고 빅뱅은 138억 년 전 그때만 일어나고 그 이후로는 안 일어난 것일까? 아니면 지금도 계속 일어나고 있는 것일까?

138억 년 전부터 빅뱅이 계속해서 꾸준히 어디선가 일어나고 있다면 지구와 같은 행성 역시 여러 개가 만들어져야 하고 그 행성에는 현재의 인류와 같은 존재들이 살고 있어야 하지 않을까?

그리고 빅뱅 이후에 시간이 시작되었다고 하는데, 시간은 무엇이 만들어지고 안 만들어지고, 무엇이 있었고 없었고에 관계없이 이미 빅뱅 이전부터 존재하고 있었으면서 지금까지 이어져 오고 있고 앞으로도 계속 존재할 것이다.

그래서 시간이란 말은 인간이 필요에 의해 시간이라고 부르자고 약속한 것일 뿐 뭐라 불러도 시간은 '시간'일 뿐, 시간을 돌이라 부르자고 약속한다면 이제부터 시간은 돌이 되는 것이다.

우주도 마찬가지로 빅뱅이 일어나면서 우주가 형성된 것이 아니라 우주 어느 한 곳에서 빅뱅을 일으키게 한 하나의 점이 만들어졌고, 그 한 점이 존재했던 공간이 우주였고, 그 한 점도 우주의 일부였다.

노자老子는 『도경道經』에 "무명 천지지시無名 天地之始 유명 만물지모有名 萬物之母"라고 했다. 이 말은 "세상이 처음 시작할 때에는 그 무엇도 이름이 없다가 이름이 주어지면 그것이 만물의 모태 혹은 시조가 된다."는 말이다. 따라서 시간도 우주도 처음에는 이름이 없었다. 그러다 인간이 그렇게 불러 준 것에 불과하다.

세상에 영원한 것은 없다고 말하지만, 시간과 우주는 영원永遠이라 부르는 게 맞을 것 같다. 왜냐면 시간과 우주는 빅뱅 이전에도 있었고 이후에도 있었고 앞으로 인류가 멸망을 해도 존재할 것이기 때문이다.

시간과 우주를 불러줄 인류가 멸종한다면 시간과 우주를 불러줄 인간은 없지만 시간과 우주는 그래도 영원처럼 존재할 것이다.

인간은 영원이라는 시간 속에 영원한 존재가 아닌 한계가 뚜렷한 하나의 무상한 존재로서 인간의 한계를 측정하기 위한 편리함을 위해 시간이라는 이름을 붙여 주고 의미를 부여해 준 것이다.

인간이 만들어낸 언어에 의해 영원은 시간과 우주로 만물지모萬物之母가 된 것이다.

빅뱅 이후 수십억 년이 지나면서 우주에는 행성들이 서로 부딪치고 깨졌다 합쳐지면서 지구를 포함한 수많은 행성들이 만들어지고, 열이 발생하고 수증기가 만들어지고 물이 형성되고, 형성된 물에서 생명이 탄생하였다. 그때부터 진화에 진화를 거듭하여 지금의 인간이 만들어지고, 앞으로도 인간을 비롯한 모든 것들이 진화해 가겠지만 어떤 형태로 진화해 갈지는 아무도 장담할 수 없다.

지구 역시 언제까지 존재하면서 어떻게 변화해 갈지 아무도 모르는 상황이다. 분명한 것은 과학과 산업의 발달로 우주와 지구가 훼손되고 인간성에도 변화를 거듭하고 있다. 지금보다 좋아질 수도 있겠지만 더 나빠질 가능성이 크다.

특히 지성知性을 가진 인간은 지금까지 진화 발전해 온 것을 보면 더욱 나쁜 쪽으로 진화해 갈 가능성이 크다. 왜냐면 인간의 지성이 발달하면서 삶에 이로움을 주기 위해 개발한 새로운 기술들이 나쁜 쪽으로 활용하는 인간들이 늘어나면서 본래의 의도와는 달리 역기능하는 경우가 많기 때문이다.

그래도 이롭게 하는 기능이 더 많지 않겠느냐 하지만 모든 것은 전염된다. 그래서 잘못 사용하는 지성의 신경망은 사용하면 할수록 강화되고 확장되면서 앞뒤좌우로 확산 전파될 뿐 아니라 다음 세대로 전달되고 전달된 신경망은 더욱 확대 강화되면서 고착화되어 나쁜 쪽으로 더 많이 진화 재생될 것이기 때문이다.

변화를 거듭하고 있는 인간성의 본질本質은 인간의 궁극적인 의문인 인간은 어떻게 탄생하였으며 인간은 어떤 존재인가와 연결되어 있고, 나는 누구인가와 맞닿아 있다.

인간이 어떤 존재인지는 변화하는 인간성이라는 말에 이미 해답이 나와 있다. 인간을 포함한 삼라만상은 끝없이 나타났다 변화하고 사라지고 다시 나타났다 변화하고 사라지기를 반복하는데, 이러한 현상을 무상無常이라고 한다.

그런데 이러한 변화의 연속성에 변화할 때마다 새로운 유전인자들이 쌓이면서 변화를 거듭한다. 이것은 눈에 안 보이는 유전인자이고 새로운 업業이 쌓여 가는 것이다. 이것은 누구에게나 일어나는 현상이고, 부정할 수 없는 현상으로 누구나 인정해야 한다.

이렇게 부정할 수 없는 보편타당한 것은 진리眞理라고 한다. 따라서 변화하는 것은 무상한 것이고 변화하는 것이 진리라면 무상한 것 역시 진리가 된다.

그러나 지성知性을 가진 인간들은 인간을 포함한 모든 것이 무상하다는 진리를 너무나 잘 알고 있음에도 불구하고 영원할 것처럼 행동하고, 반면에 영원하지 못할 것이라는 무상함으로 인해 불안과 두려움으로 고통스럽고 힘겨워한다. 이렇게 두려워하는 이유는 간단하다.

인간은 본질적으로 불안과 두려움을 가지고 태어났고, 두려움과 불안은 무상함과 연결되어 있다. 그래서 인간 존재의 본질과 무상함의 본질을 알면 자연스럽게 해결될 일이다.

그리고 이 무상함은 "나는 누구인가?"와 맞닿아 있기 때문에 내가 누구인가만 알아도 해결되고, 반대로 무상함의 본질을 알아도 해결될 일이다. 무상함은 진리라고 말하였다.

그런데 일반적으로 진리는 고귀하고 거룩해야 하는데 덧없고 허무한 무상한 것이 진리라니 하고 반문할 수도 있겠지만 거룩한 것만이 진리라는 법은 없다.

그리고 무상한 것은 일반적으로 생각하고 있는 덧없고 허무한 것이 아니라 무상함의 진리를 알고 나면 덧없고 허무한 것이 아니라 가득한 의미로 충만한 축복과 같은 것임을 알게 된다.

진리는 보석과 같아서 겉으로는 알 수 없다. 내가 딛고 서 있는 발아래 땅이나 산속에 보석이 있다는 것을 누구나 안다. 그러나 땅을 파고 원석을 찾아 갈고 닦아 정제를 하였을 때 보석이라는 것을 알 수 있다.

마찬가지로 진리는 우리 가까이 일상 속에 존재하지만 그것을 찾아 갈고 닦지 않으면 알 수 없는 것이 또한 진리이다.

따라서 우리 주변에 만연한 무상함의 진리를 찾아 갈고 닦아 경험적으로 체득하고 나면 덧없고 허무한 것에서 환희와 충만으로 바뀐다. 그래서 진리를 찾는 것을 갈고 닦아야하기 때문에 수련修練이라 한다.

그런데 인간의 대표적인 인지기관인 눈, 코, 귀, 입, 촉각, 의식 등은 나타났다 변화하고 사라지는 외적현상은 잘 감지해내지만 그 속에 내포되어 있는 진리는 잘 인지하지 못한다. 진리는 언제나 무지無知(avidya)라는 장막으로 가려져 있기 때문이다.

그것은 마치 커튼만 걷어내면 커튼 너머에서 빛나고 있는 태양을 볼 수 있는데, 커튼을 걷어내지 못하고 햇볕이 나지 않는다고 불평하는 것과 같다.

무상함의 진리를 알게 되면 인간 존재存在의 본질本質에 대한 의문도 해소된다. 변화와 무상함의 진리를 깨닫기 전에는 변화무상함은 인간들의 불안과 두려움의 원천이기도 하다. 인간이 살아가면서 느끼는 불확실성에 대한 불안과 두려움은 인간의 본질적 본능에 속한다.

인간은 태어나면서부터 본능적으로 불안과 두려움을 갖고 태어난다. 그 이유는 인간을 포함한 모든 존재가 본질적으로 양자적 분자(quantum molecule)들의 집합체로서 그 속에 존재하는 제각각의 분자들은 모래알처럼 분열되어 있고, 진동과 파동, 스핀 등으로 끝임 없는 움직임으로 이루어져 있기 때문이다.

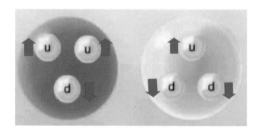

이뿐만 아니라 태초의 생명체 원시세포의 유전자에서부터 시작하여 진화와 진화를 거듭하면서 축적된 물고기, 파충류, 생쥐, 개, 돼지, 침팬지, 유인원 등과 같은 온갖 동식물의 유전자들과 뒤섞인 잡종으로 이루어진 미세 분자들의 집합체인 인간의 유전자는 그야말로 속 시끄러운 불안정한 존재일 수밖에

없고 이러한 동적인 움직임은 언제나 불안과 두려움, 스트레스를 야기한다.

이 제각각의 분자들은 제각각의 기질과 개성들을 가지고 있으면서 동적이어서 확실하고 안정된 하나로 일치되는 현상을 나타낸다는 것은 처음부터 불가능하다.

이러한 움직임과 불일치가 변화와 차이를 만들어내고, 불일치와 차이는 끊임없는 분열과 갈등을 야기하며, 분열과 갈등은 불안과 두려움을 만들어낸다. 그리고 이러한 불일치와 변화는 무상함을 동반한다.

이러한 현상은 불안정한 동적動的인 존재인 양자量子(quantum)로 구성되어 있기 때문이고, 이것은 언제나 생성과

소멸, 변화라는 현상에 휘둘리면서 불확실한 불안한 존재로 존재하다 소멸해 간다. 그리고 다시 윤회 재생을 거듭한다.

동적인 양자는 변화와 무상함을 만들고 그 변화와 무상함은 불안과 두려움을 야기한다.

이와 같이 인간을 비롯한 모든 물질들은 분열된 속성과 움직임을 갖고 태어나서 죽어 소멸해 갈 때까지 끊임없는 두려움과 불안, 분열, 갈등, 고통을 겪으며 무상함 속에 살아갈 수밖에 없다는 것 또한 진리이다.

이러한 갈등과 분열, 두려움과 같은 고통에서 벗어나는 방법은, 이미 갖고 태어난 것이기 때문에 벗어날 수도 없고 없앨 수도 없다. 있다면 처음부터 태어나지 말았어야 한다.

그래서 불안과 두려움, 무상함의 고통에서 벗어나고자 하는 노력은 이미 수천 년에 걸쳐 수많은 선각자先覺者들이 해왔다. 그렇게 노력한 결과 완전하게 없앨 수는 없지만 적어도 반복되는 고통을 줄이고 통제하고 관리할 수 있는 방법方法들이 전해져 오고 있다. 이것을 명상明想이라 한다.

그런데 문제는 분열된 속성을 가진 인간들에게 어떤 방법을 적용하더라도 어디로 튈지 모르는 럭비공과 같은 개성個性들로 인해 어떤 현상도 일관되게 받아들이지 못할 뿐만 아니라 이것을 받아들이는 사람들에게만 적용한다 하더라도 쉽지 않다. 왜냐면 하나의 대상이나 현상을 보더라도 제각각 다른 생각과 반응을 보이기 때문이다.

이것을 개성個性이라 하고, 보는 관점이라 하는데, 이 또한 모순이다. 왜냐면 진화론에 따르면 이미 인간은 어디에서 왔는지 뻔하다. 그 뻔함 속에 아무리 개성을 부리고, 보는 관점이 다르다 하더라도 본질은 너나 나나 할 것 없이 원시세포에서 시작하여 같은 과정의 진화를 겪으면서 모두가 잡종으로 태어난 똑같은 존재들로서 누구 하나 특별한 존재 없이 다 똑같은데 개성을 가져봐야 얼마나 특별한 개성을 가졌을 것이며 관점이 다르면 얼마나 다르겠는가!

그가 가진 개성個性이라면 나에게도 있고, 나에게 있는 개성은 그에게도 있고, 누구나 다 같이 가지고 있는 개성을 단지 사용하지 않을 뿐이다.

따라서 개성個性이라고 말하는 것은 개개인이 가진 성품과 기질을 말하는 것이지 어떤 누구가 내가 갖지 못한 어떤 특별함을 가졌다는 것을 말하는 것이 될 수 없다.

그럼에도 불구하고 분열된 속성을 가진 사람들은 개성을 좋아하고 다름을 좋아하고, 차별하고, 나누고, 쪼개기를 좋아한다. 마치 자신에게는 남들이 가지지 못한 특별한 개성이 있는 것으로 착각하면서 차별하고 무시하고 나누고 쪼개고 분리하면서 갈등과 분열을 야기하면서 살아간다.

이러한 현상 역시 인간만이 가진 특징이고 인간만이 가진 지성知性 덕분이다. 그래서 누가 무엇을 하며 어떻게 살아가든 제각각의 삶은 존중받아야 한다.

반대로 누군가를 무시하면서 소중하게 생각하지 않고 존중하지 못한다면 다 똑같이 소중하지 않아야 하고 존중받지 못해야 하는 것이다. 그러면서도 분명한 것은 인간의 지성은 오묘하게도 이렇게 다양한 변화와 무상함 속에 진리를 숨겨놓고 그것을 찾아내는 인간에게만 지고한 축복을 선사한다는 것 또한 지성 덕분이다.

양자적 분자들의 집합체로 구성된 인간은 갓 태어난 아기 때부터 버둥거리며 끊임없이 움직인다. 양자 자체가 진동과 파동인 움직임으로 이루어져 있고 이 본능적 움직임은 관성의 법칙(慣性의 法則)이 적용되면서 인간의 생존과 관련된 일(노동)과 연결된다.

인간은 태어나 한평생 살아가면서 어떤 일을 하든 끊임없이 일을 하다 사멸해 간다. 일은 생존을 위한 생명활동이기도 하지만 가지고 태어난 본능이기도 하다. 그래서 인간은 일을 하기 싫어하지만 일이 없으면 더 못 견뎌 하는 이유가 본능적으로 갖고 태어난 움직임 때문이다.

일이란 인간으로 태어난 이상 누구나 해야 하는 인간의 의무義務이자 책무責務이다. 이것은 "양자적 본능을 가진 동적인 인간성(a dynamic humanity with quantum instincts)"을 갖고 있기 때문이다.

"양자적 본능을 가진 동적인 인간", 이것이 현재 겉으로 드러난 지금의 나의 모습이다.

그러나 과학과 문명이 발달하면서 일(움직임)이 단순히 일로서 끝나는 게 아니라 물질(자본)과 연결되고 노동으로 바뀌면서 그 본질이 흐려졌다.

실질적으로 본능적인 움직임을 갖고 태어난 인간은 무엇이든 하도록 되어 있고, 하지 않으면 안 되게 되어 있기 때문에 굳이 물질이 결부되지 않더라도 일을 하면서 살아가게 되어 있다.

그런데 일이 물질(돈)을 벌기 위한 수단이 되면서 직업의 구별(귀천)이 생기고 빈부의 차이가 생기면서 많은 문제와 갈등을 야기한다.

부작용은 여기에 그치지 않고, 그렇지 않아도 저장하고 쌓아 놓기를 좋아하는 생쥐와 개의 유전자를 갖고 있는 인간의 저장본능을 확장시켜 욕심이 끝없는 탐욕스러운 존재로 탈바꿈시켰다.

게다가 인간은 저장과 축적이라는 본능 역시 불안과 두려움에서 벗어나고자 하는 하나의 수단으로 이용한다. 온갖 수단과 방법을 가리지 않고 축적한 물질로 요새와 같은 크고 튼튼한 집, 커다란 차, 값비싼 옷과 악세사리 등으로 무장하고, 물질의 좀비가 되어 살아가지만 마음 한편에는 '나'라는 존재는 무엇이며, 이렇게 사는 게 맞는지, 삶의 의미는 무엇이며, 어떻게 살아야 하고, 인간은 이렇게밖에 살 수 없는 것인가? 라는 정신적 심리적인 빈곤감과 불확실성에 대한 불안과 두려움은 여전하면서 본질적인 의문을 갖고 살아간다.

이것은 풍요롭지만 여전히 무엇인가에 대한 부족함을 느끼고 있다는 것이고, 그 부족한 부분을 모르고 살아갈 수도 있지만 대부분의 사람들은 스스로가 육체와 정신이라는 양면의 유기적 복합체라는 것을 알고 있다.

그래서 정신적 양식糧食이 부족해서일까 하고 종교에 의존해 보고, 사회에 기부도 해 보고 봉사도 해보지만 그렇게 만족스럽게 본질적 의문은 해결되지 않고, 여전이 해결되지 않는다는 것을 알게 된다.

왜냐면 인간은 육체와 정신이라는 양면의 유기적 복합체 중 외적 인식기관인 육체가 먹고사는 양식이 다르고, 내적인 정신이 먹는 양식糧食이 다르기 때문이다.

외적 인식기관이 먹고사는 양식이 물질적 현상이라면, 내적인 정신이 먹는 양식은 정신적으로 실질적인 경험으로 얻어지는 체득이기 때문이다.

종교에 의존하고 사회에 기부하는 행위들은 외적 인식기관들을 만족시키는 행위이다. 그러나 내적인 정신을 만족시키기 위해서는 그런 종교나 기부로 대신할 수 없다. 왜냐면 물질과 종교는 내 마음을 전달하는 매개체이지 내 마음, 내 정신이 직접 경험해서 얻어지는 만족감이 아니라서 본질적 의문은 해소되지 않기 때문이다.

그런데 종교에 의지한 사람이 종교에서 행하는 기도에 심취해서 열심히 기도를 해 몰입을 경험한다면 얘기는 달라질 수 있다.

기도를 해서 몰입하게 되면, 몰입을 통해 내 마음 내 정신이 기도가 가지고 있는 힘을 직접적으로 경험하게 되면서 나와 기도가 감응을 하게 되면 이때 기도는 정신의 양식糧食이 되어 그동안 목말라했던 부족함을 일정 부분 채워줄 것이다.

그래서 정통성을 가진 종교든 사이비 종교든 그것이 무엇이 되었든 거기에 빠져들어 몰입을 하게 되면 감응을 받으면서 헤어 나오기가 힘들어진다. 그러나 이 또한 인간이 가진 본질적 의문을 해소하기에는 부족하고 극히 협소하고 편협된 일부만 해소해 준다. 왜냐면 몰입에도 깊고 얕음이 있고 대상이 무엇인가에 따라 질적으로 달라지기 때문이다.

이러한 단점을 해소하고 올바른 선택과 몰입을 위해서는 그 길을 다녀와 본 올바른 스승을 만나는 것 또한 매우 중요하다.

그런데 여기서도 인간의 지성은 스승이 아닌 사람이 올바른 스승보다 더 스승인 척하고 현혹시키면서 장난을 친다. 현시대는 본질(本質)은 호도(糊塗)되어서 짝퉁이 판을 치는 세상에 살고 있다. 그것은 인간자체가 잡종이라서 그렇다. 그러면서 그 장난에 속아 넘어가는 것도 지성이고, 그 장난의 옳고 그름을 판단하는 것도 지성의 능력이다. 따라서 지성을 지혜롭게 운용하는 것 또한 지성이다.

인간만이 가진 지성知性(buddhi)은 변화와 차이, 구분을 만드는 주체이다. 어떤 사물이나 현상을 좋고 나쁘고, 아름답고 추하고, 기쁨과 슬픔, 근심, 걱정, 불안과 두려움, 선과 악, 소유와 무소유 등의 차이를 나누고 쪼개고 분석하고 구별하는 기능의 주체로서 인간의 심리적·영적·감성적·이성적 사고와 총체적 판단에 작용하는 것이 지성이다.

이런 지성의 기능으로 인해 유독 인간만이 살아가면서 불안과 두려움, 허무와 무상함을 느끼고 또한 그것을 해결하기 위한 방법을 끊임없이 찾아 노력해 왔고, 그 결과 완전한 해결은 아니지만, 있지만 없는 듯 혹은 덜 민감하게 혹은 통제와 관리가 가능한 수준에까지 이르고 있다.

이 문제를 풀기 위해 수천 년에 걸쳐 수많은 선지자先知者들이 노력해 왔고, 그들은 이 문제를 두고 사색을 깊게 하다 보면 몰입이 되고, 몰입이 깊어지면 선정禪定 상태가 되고, 선정 상태가 깊어지면 삼매三昧(samadhi)에 이르게 된다는 것을 알게 되었다. 이것을 명상明想이라 한다.

삼매에 이르게 되면 현재의 의식 세계는 차단되면서 무의식의 잠재의식 속으로 들어가 그 동안 감각기관을 통해 감성과 이성, 지성의 지배를 받으면서 현상세계에만 집중하던 양자적·동적인 본능이 삶을 주도해 왔던 의식세계의 변화무상한 움직임들이 멈추게 된다.

그러면서 그동안 머리로만 이해해 왔던 양자적·동적인 움직임들이 얼마나 무상하고 덧없는 것이었나라는 것을 머리가 아닌 실질적 경험을 통해 체득하게 된다.

이때 현재의 내 의식세계를 지배하던 "양자적 본능을 가진 동적인 자아(The dynamic self with a quantum)"로부터 벗어나 그동안 동적인 자아에 가려 존재감을 나타내지 못했던 또 다른 자아인 "본질적 정적인 자아(The essential and static self)"가 "나 여기 있어(I am here!)" 라고 하면서 그 존재를 나타낸다.

나 여기 있음에 세상은 고요하고,

나 여기 있음에 세상이 평화롭고,

나 여기 있음에 흔들림이 없고,

나 여기 있음에 안정감이 있고,

나 여기 있음에 비로소 네가 보이는구나!!

정적인 자아는 진아眞我 혹은 참나, 참 자아(atman), 진정한 주인, 마음자리, 주인공 등으로 다양하게 표현되지만 이들의 존재는 다 똑같다.

그동안 일방적으로 동적인 자아에 의해 오로지 외향적 현상에만 몰두해 살아왔던 편향된 현재의 의식에 새로운 정적靜的인 자아의 등장은 엄청난 충격으로 다가오면서 지금까지 아무 의미 없이 보아 왔던 길가의 풀 한 포기, 돌멩이 하나, 바람결에 흔들리는 나뭇잎 하나도 새롭게 보이고, 세상의 모든 무상無常해 보였던 현상들이 새로운 의미로 가득 찬 놀라운 의식의 변화를 경험하게 된다.

그 중에 가장 큰 변화는 길가의 풀 한 포기, 굴러다니는 돌멩이 하나도 의미 가득한 존재로 보이면서 나 자신에 대한 의식의 변화이다.

"천상천하天上天下 You are 독존獨尊"

이 말은 하늘 아래에서나 땅 위에서 나만 홀로 존귀尊貴한 것이 아니라, 인간을 포함한 우주에 존재하는 모든 존재물들은 그 본질에서 같기 때문에 그 무엇 하나 하찮은 존재이거나 특별한 존재가 없는 모두가 똑같이 존귀하다는 것이다. 그 누군가 소중하면 나도 소중하고, 그 누군가 특별하면 나도 특별한 존재로, 모두가 존귀한 가운데 나 역시 진정으로 존귀한 존재라는 것을 깨닫게 된다.

그러면서 지금까지 세상을 부정적이면서 냉소적으로 바라보던 시선은 긍정적이고 호의적으로 바뀌고, 자신에 대한 존재감이나 믿음을 갖지 못하고 무엇을 하고 있는지조차도 모르고 방황하며 자신의 삶에 대한 의미를 부여하지 못하고 주변을 떠돌기만 하면서 살아오던 자신에게 스스로에 대한 믿음과 확신이 생기면서 의욕과 활기가 충만한 모습으로 바뀌게 된다. 비로소 자신의 삶에 진정한 주인이 되어 새로운 재탄생을 경험하게 된다.

아울러 세상에 존재하는 모든 존재물들 역시 비록 겉으로 보이는 것은 달라 보이더라도 그것은 하나의 현상일 뿐 그 어느 것 하나 다를 바 없이 본질은 모두가 같다는 것을 깨닫게 된다.

같은 본질, 같은 자아를 가지고 있다면, 너나 나나 똑같은 본질적 자아를 가지고 있으면서 자신만이 특별한 존재라고 말할 수 없고, 그 누군가 소중하면 나도 소중하고, 그 누군가 존귀하면 나도 존귀한 존재이고, 그 누군가 특별하면 나도 특별한 존재라는 것을 깨닫게 된다. 그래서 심지어 길가에 풀 한 포기도 소중하고 돌멩이 하나도 소중하고, 나를 귀찮게 구는 파리 한 마리도 소중한 존재임을 깨닫게 된다.

이러한 현상은 지금까지 저장되어 있던 의식세계는 몰입에 의한 정화현상으로 일시적으로 삭제되고, 오염되지 않은 새로운 의식세계가 펼쳐지면서 일어나는 현상으로 그 충격은 평생을 좌우하고 지속할 만큼 강력하다.

인간은 태어나면서부터 동적動的인 자아自我와 정적靜的인 자아自我를 동시에 갖고 태어났지만 감각적이고 물질적 현상에 치우친 동적인 자아에만 의존해 외향적인 삶만을 살아오면서 정적인 자아는 간과看過되고, 양자적 본능의 동적인 자아의 일방적인 삶에 주도권을 빼앗긴 상태로 살아오면서 정적인 자아와 동적인 자아의 간극이 점점 커지고 불균형의 심화도 깊어져 갈등이 쌓이고 분열 양상이 심해진다.

이러한 분열 양상은 관리가 되지 않으면 결국은 자신의 정체성을 잃고 자신에 대한 불신으로 자신을 파괴하고 심지어 사회적 문제를 일으키는 원인으로 작용한다.

물질 숭배와 감각에 의존한 외향적인 삶이 강조되면서 정적인 삶보다 동적인 삶에 절대적 우위를 두고 살아가는 현대 사회에서는 정적인 자아와 동적인 자아의 불균형이 더욱 심화되어 개개인의 자아에 대한 정체성에 대한 혼란을 겪으면서 개개인의 삶에 치명적인 영향을 주고 사회적 문제도 가중되고 있다.

하늘을 나는 새나 비행기도 두 개의 날개가 균형이 맞아야 하고, 자동차의 바퀴나 자전거의 바퀴도 서로 균형이 맞을 때 제대로 굴러간다.

마찬가지로 인간도 동적인 자아와 정적인 자아, 둘의 불균형은 갈등과 분열, 불안, 두려움을 야기하고 자기 자신에 대한 불신으로, 하나의 완전한 개체로서 의미를 부여하지 못하는 원인으로 작용한다.

그래서 사람들은 "나는 누구이며, 어떻게 살아야 무의미한 삶에서 벗어나 삶에 의미가 충만한 삶을 살 수 있는 것일까?" 라는 궁극적인 의문을 갖게 되고, 자신에 대한 불신은 남을 탓하게 되며, 사회에 대한 부정적이고 비판적인 생각을 하게 되면서 더욱 힘든 삶을 살게 된다.

동적 자아의 일방적인 폭주에서 벗어나 정적인 자아도 존재한다는 것을 깨닫는 순간, 동적 자아와 정적 자아가 조화와 균형을 이루면서 그 동안의 불균형에서 고통 받던 불안과 두려움에서 해방되고, 동시에 "나는 누구인가!"라는 본질적인 의문도 해소되면서 스스로에 대한 불신으로 믿음을 갖지 못했던 자신에 대해 확고한 믿음과 안정감을 느끼게 된다.

　자기 자신에 대한 믿음이 확고하게 형성된 사람은 그 어떤 것도 필요 없이 자기 자신만으로 충분하다. 어떤 환경, 어떤 상황에서도 흔들림 없는 자기 자신을 발견하게 되고, 자기 자신에 대한 진정한 주인공(唯我獨尊)으로 살게 된다.
　진리는 어렵고 멀리 있는 것이 아니라 보편적이면서 가까이 있다. ◉

나는 누구인가 II

"윤회란 다음 생이 있어서
내가 나로 태어나는 것이 아니라,
양자로 흩어져 뒤섞임이다."

태초에 무한히 넓은 공간
이 있었다. 인간의 상상력을
뛰어넘는 무한대의 끝없이
넓은 공간이 있었다.

그렇게 언제인지도 모르
는 시간 이전부터 아득히 셀
수 없는 그 옛날 옛적에 가
장자리가 어디인지 중심 부위가 어딘지도 모르는 무한히 넓은
우주공간이 존재하고 있었다.

이것을 인도 철학에서는 아까시(akash)[1]라고 한다.

---

1) 아까시: 아까시(akash)란 "공간"이다. 그것도 아주 큰 무한대의 공간, 그래서 '대공
大空'이라 부른다. 이 공간에는 수많은 미세물질들로 차 있으면서 서로간의 결합
을 통해 알 수 없는 그 무엇인가 만들어지고 있고, 서로간의 분리를 통해 해체되

그 공간은 지금도 변함없이 존재하고 있고, 영원永遠의 시간을 지나오면서 지금의 지구와 달, 태양… 등으로 이루어진 태양계를 비롯하여 수많은 행성으로 이루어진 은하계를 이루고 있는 지금의 우주를 형성하고 생성과 소멸이라는 변화의 무상함 속에서 앞으로도 변함없이 영원히 존재할 것이다.

무한의 우주공간 아까시 안에는 뿌루사(purusa, 순수의식)[2]와

기를 반복하고 있다. 셀 수 없는 시간 이전의 그 옛날 옛적부터 존재했었고 시간의 흐름에 따라 이 공간에서는 수많은 미세 물질들이 서로 결합하면서 둘이 하나가 되고, 그 하나에 다른 게 또 결합되면서 끝없이 부피와 성질이 달라지기도 하고, 반대로 하나가 둘이 되고 둘이 셋이 되고 셋이 넷이 되고… 이렇게 결합하고 또 결합하고 이와 반대로 분리되고 또 분리되면서 다양한 모양과 형태, 다양한 기질과 성질들이 만들어지면서 결국에는 크고 작은 다양한 행성들이 만들어지고 그 환경에 맞게 생명이 탄생하기도 하고 생명이 없는 행성이 되기도 한다.

우리가 알지 못하는 수많은 행성들과 은하계가 만들어지면서 수많은 행성들이 현재의 아까시를 이루고 있고, 아까시는 영구불변으로 존재하면서 수많은 행성들이 스러져가고, 새로 만들어지면서 진행형으로 변함없는 모습으로 존재하고 있다. 이와 같이 존재와 사라지는 현상을 무상無常하다고 말한다.

우주공간 '아까시'는 그 넓이가 무한無限이라 말 그대로 가장자리도 없고 중심도 없는 끝도 없이 펼쳐져 있는 우주 공간이다. 무엇이든 얼마든지 담을 수 있는 공간이기 때문에 새로운 행성이 만들어지고 새로운 은하계가 만들어지더라도 아까시는 한정되어 있지 않기 때문에 수축하지도 팽창해 늘어나지도 않는다.

이 공간에서 무수히 많은 극미세물질들이 존재하면서 서로 합쳐졌다가 분리되기를 거듭하면서 하나의 새로운 개체가 형성되었다 사라지고 새로 탄생하기를 반복한다. 그래서 '아까시'는 '창조의 공간'이라 말하고 '브라흐만'의 또 다른 의미 '창조의 신'과 동격이라고 말한다.

쁘라끄르띠(prakrti, 동력인)[3]라는 눈으로 볼 수 없고 손으로 만져 볼 수도 없는 수많은 극미세 물질(subtle particles)들만이 떠다니고 있다.

---

2) **뿌루사:** '뿌루사(purusa)'는 '사람 혹은 순수의식'이란 의미로 쓰이고 있는데, 여기서는 '오래전에 모든 죄를 불태워 없애 버린 존재라는 순수의식'으로 쓰였다.<브리하다란야까 우빠니샤드 1장 4편 1절>
모든 죄를 태워 없애 버린 상태인 뿌

루사는 순수의식의 상태로 인간을 포함한 모든 사물의 본질적 자아인 '참 자아, 아뜨만(atman)'과 동의어로 쓰인다. 모든 사물의 본질로서 존재하는 참 자아 아뜨만은 비활동적 수동적 순수의식으로 능동적이고 역동적인 쁘라끄르띠와의 결합으로 인해 모든 개체의 본질적인 자아로서의 역할을 한다. 그러나 어떤 일이나 현상에 개입하거나 관여하여 어떠한 원인이나 결과로서 작용하지 않는 관조자觀照者로서 완전히 분리되어 있는 독립적인 존재이다. 마치 물과 기름과 같은 존재이다. 뿌루사가 참 자아 아뜨만으로서의 기능을 할 수 있는 것은 비록 수동적이고 비활동적이긴 하지만 일거수일투족을 관찰하고 인지할 수 있는 의식이기 때문이다.

3) **쁘라끄르띠:** '쁘라(pra)'는 "힘 혹은 에너지"라는 뜻과 함께 "시작"이라는 의미도 있다, 그리고 '끄르띠(krti)'는 "창조"라는 뜻이다. 그래서 '창조의 시작 혹은 창조의 힘'은 쁘라끄르띠의 능동적이고 역동적인 활동성에 의해 뿌루사와 결합하고 이로 인해 창조의 시작과 원인으로 작용하고 결과로서 하나의 개체가 나타나면서 윤회의 빌미를 제공한다. 게다가 쁘라끄르띠는 다양성을 상징하는 3구나(3gunas)를 내포하고 있다.
이들 3구나는 "세 가지 속성"이라는 뜻인데, 제각각의 사물들의 특징과 개성個性을 나타낸다.

이 미세 분자들은 과거에도 떠다니고 있었고, 지금도 떠다니고 있고, 앞으로도 떠다닐 것이며 영원히 떠다닐 것이다. 그렇게 떠다니는 현상을 브라흐만(brahman)[4]이라 한다.

그렇게 떠다니는 물질들 중 뿌루사는 비활동적이고 수동적인 순수의식純粹意識인 반면, 쁘라끄르띠는 동력인動力因 내지는 역동적인 활동성을 가지고 수동적이며 비활동적인 순수의식인 뿌루사와의 결합을 시도하여 새로운 하나의 개체를 창조해 내는 데 주도적 역할을 한다. 그래서 쁘라끄르띠를 창조의 근본 물질이라 한다. 마치 양자量子에서 전자들의 결합으로 하나의 물질이 만들어지듯이.

---

4) **브라흐만**: 브라흐만(brahman)에는 여러 가지 뜻이 있지만 여기서는 어근 '브리'에서 온 말로 넓게 퍼져 어디든지 존재한다는 의미의 '펼쳐져 있다'의 뜻이다.

그래서 무한히 넓은 우주 공간(akash, 대공)에 가득 퍼져 있는 신성한 창조의 근원적 물질(brahman)이자 내 안의 신성한 존재인 참 자아(atman)와 쁘라끄르띠(prakrti)가 무한히 넓은 공간 아까시 속에 펼쳐져 있는 상태 또는 현상이란 뜻이다. 그리고 참 자아의 의미를 가진 '아뜨만' 역시 어근 '아쁘(ap)'에서 온 말로 '퍼지다'의 의미를 가지고 있다.

따라서 아까시라는 무한히 넓은 공간 속에 참 자아인 아뜨만이 브라흐만의 상태로 넓게 두루 퍼져 있다가 우연한 계기로 쁘라끄르띠와의 결합에 의해 하나의 개체가 만들어진다.

무한히 넓은 우주라는 공간 속에 존재할 때는 창조의 신神적 존재로서 브라흐만이라 부르지만 뿌루사와 쁘라끄르띠의 결합으로 인해 하나의 개체로서 창조되면 그때는 하나의 개체로서의 본질적 자아 즉 아뜨만이 되면서, 이때 비로소 우주와 내가 하나로 동일시되는 범아일여梵我一如 사상이 성립된다.

뿌루사와 쁘라끄르띠의 결합이 이루어지면 이 둘은 서로 섞여 하나의 개체로 보이지만 실지로는 양자量子가 양성자, 중성자, 전자로 연결되어 있는 것처럼 이들도 그렇게 연결되어 하나의 새로운 물질을 탄생시킨다.

이때 중요한 것은 그들 제각각의 특징과 기질들에는 변화가 없고, 그들 고유의 기질과 역할은 그대로 간직하고 있으면서 단지 쁘라끄르띠가 활동적이고 역동성인 특성상 쁘라끄르띠의 특징과 기질만이 그 제각각의 다양한 개성個性으로 밖으로 나타나게 된다.

쁘라끄르띠는 세 가지 속성을 가지고 있는데, 구나(tree guna)라고 한다. 우주뿐 아니라 인간을 포함한 모든 사물들이 가지고 있는 제각각의 다양한 개성個性과 특징들은 쁘라끄르띠가 가지고 있는 세 가지 구나(3gunas)[5]들 때문이다.

---

5) **3구나(3gunas):** 3구나(three gunas)는 인간을 포함한 삼라만상이 가진 특색, 특성, 특질, 성질, 기질, 자질, 경향, 버릇 등의 속성을 말한다. 구나는 어떤 사람이나 사물들의 물질적 형태, 정서적·심리적·에너지적 상태를 결정짓는 요소로서 1)라자스(rajas) 2)타마스(tamas) 3)사뜨와(sattva) 3가지로 나눈다.

1) 라자스(rajas)는 동력적(에너지), 역동적, 변화적, 이동적, 단단한, 가벼움, 건조함 등의 상태로 매력과 갈망, 애착, 일에 대한 강한 집착을 보이는 특징을 가지고 있으면서 분노, 불안, 두려움, 걱정, 스트레스, 안절부절, 짜증, 용기, 열정, 격정, 결단력, 혼돈 등의 성향을 가지고 있다.

2) 타마스(tamas)는 어둠과 무거움, 축축함, 관성적, 타성적, 굼뜸, 비활성적, 불활

성적, 게으름, 물질성, 구체성을 가지고 집착과 혐오, 우울감, 의심, 죄의식, 수치심, 권태, 중독, 상처, 슬픔, 종속, 의존, 무관심, 냉담, 혼동, 착각 등과 같은 성향을 보인다. 그리고 모든 존재에게 물질적 가식과 영적 진리를 왜곡시키는 경향이 있다. 이것을 무지無知라 한다. 물론 무지는 라자스, 사뜨와에도 존재하나 타마스에서 특히 심하다.

3) 사뜨와(sattva)는 밝고 맑으며 조화와 균형, 기쁨, 지적인 상태로 라자스와 타마스적 성향을 줄이고 이상적인 인성人性으로 나아가기 위한 모든 사람이 추구해야 할 기질로서 기쁨과 행복, 평화, 건강, 자유, 사랑, 공감, 평정심, 고요, 신뢰, 믿음, 친절, 자제, 만족, 쾌활함, 감사하는 마음, 이타심, 축복, 담담함 등의 신체적·정신적·정서적·지성적인 것 등 모두가 최상의 상태를 의미한다. 그러나 사뜨와는 현상적인 세계에서 일어나는 일시적인 현상이기 때문에 궁극적인 해결점은 되지 못한다. 궁극적인 해답은 본질적인 불안감을 야기하는 양자적·동적인 본능을 이해하고 정적인 본질을 경험하고 무상함의 지혜를 터득한 이후에 가능하다.

이 3가지 구나는 누구나 가지고 있으면서 합성 정도에 따라 그 물질의 기질과 성향, 성질을 나타내는데, 타마스적인 성향을 강하게 가진 사람은 덩치가 크고 무거우며, 덜 활동적이고 의존적이며, 타성적이며 집착이 강하다. 또한 우울감과 수치심도 가지고 있다. 집착은 때론 강한 자기주장으로 자존감을 나타내는 고집으로 나타나고, 때론 한 가지 일에 타성적으로 집착하는 열정적으로 몰입하는 모습을 보인다. 또 강한 모성애와 같은 사랑과 친절, 이타심 등도 나타내는데 이와 같이 다양한 성향을 보이는 것은 주로 타마스적인 성향이 강하지만 동시에 라자스적 성향과 사뜨와적인 성향이 포함되어 나타난다. 그러나 이 중에 타마스적인 성향이 다른 기질들보다 강하게 나타나기 때문에 타마스적인 성향이라고 하는 것이다. 그래서 인간 자체의 성향과 기질은 모순과 혼돈이 본질적으로 내재되어 있다.

이러한 혼돈과 모순된 삶이 일상에서 인간은 가식적인 삶과 가면을 쓴 형태로 나타난다. 이것은 원시세포에서부터 시작된 진화에 진화를 거듭한 유전자의 혼합에 의한 결과이다.

3구나들의 성향은 본능적 본성으로 갖고 태어나지만 태어나 살아가면서 스스로의 노력에 의해 특정 성향을 줄이거나 늘일 수가 있다.

예를 들면 타마스적인 성향이 강한 사람이 노력함으로 라자스적인 사람으로 변하기도 하고 라자스적인 사람이 사뜨와적인 성향으로 어느 정도 변화가 가능하다.

그러나 3구나는 그 사람 내지는 그 물질을 구성하는 근본물질이기 때문에 세 가지 중 그 어떤 것도 완전히 제거하거나 분리할 수는 없다.

다만 살아가면서 더하고 줄이는 것은 가능하다. 그러한 능력은 인간이 가진 지성을 통해서 가능하고, 짐승이나 사물 그 외의 생물들은 오로지 주어진 본능대로만 살아가기 때문에 3구나의 구성 물질을 임의로 조절하는 게 쉽지 않다.

그래서 윤회설에 의거한 불교에서는 윤회하는 과정에서 짐승이나 다른 존재에서 인간의 몸만을 빌려 태어났을 때에만 해탈이 가능하다고 하는 이유가 여기에 있다.

살아가면서 사고방식이나 의식의 변화, 생활습관에 따라 3구나의 기질을 바꿀 수가 있기 때문에 착하게 살고 마음 씀씀이가 좋아야 기질도 착하고 선한 기질 즉 사뜨와적인 기질로 바뀌면서 세상이 살기 좋은 세상으로 바뀔 수가 있다.

맑고 밝은 세상에서 더 맑고 밝은 세상으로 나아가는 것이다. 그렇지 않고 악하고 자극적이고 관능적이고 물질적인 것만 추구하다 보면 기질 또한 더 자극적이고 악하고 잔인하게 바뀜으로 사뜨와적인 기질로 바꾼다는 것은 대단히 중요하다.

뿌루사와 쁘라끄르띠의 결합으로 하나의 개체가 만들어졌다가 수명이 다해 소멸해 갈 때 결국은 그 기질 그대로를 가지고 뿌루사와 쁘라끄르띠로 다시 돌아가 브라흐만의 상태로 존재하게 된다.

그리고 이들의 재결합을 통해 그 기질 그 성질 그대로를 간직한 채 재탄생하게 된다. 윤회 재생은 이렇게 이루어지는 것이다.

내가 저지른 모든 생각과 행위는 내 의식, 내 마음, 내 세포, 내 뼛속 모든 곳에 각인되어 끊임없이 재탄생이라는 순환을 통해 새로운 업을 쌓고 대를 이어 유전시키고, 자신 또한 그 기질 그 성향을 간직한 채 소멸해 갔다가 다시 재생되는 반복되는 영생永生을 하게 된다.

이러한 사물들의 개성과 특징들은 완성된 하나의 개체가 겉으로 드러나 보이는 현재 우리가 살아가면서 마주하는 제각각의 다양한 모습으로 나타난다.

비활동적이고 순수의식인 뿌루사는 정적靜的인 본질本質이 되고, 활동적이고 역동적인 쁘라끄르띠는 동적動的인 본능本能이 된다.

세상에는 인간은 물론이고 그 어떤 것도 똑같은 것이 없다. 한 어머니에게서 태어난 일란성 쌍둥이의 경우도 외모의 어딘가가 다르고, 말이나 행동, 사고방식 등 그들의 기질이나 성향

그러나 내가 무엇이 되어 재탄생한다는 것은 단정 지을 수 없다. 왜냐면 내가 그 어떤 것들과 재결합을 해서 그 무엇으로 재탄생할지는 알 수 없기 때문이다. 재생은 무작위로 이루어지고 그렇게 탄생하는 것이 하나의 개체이고 그래서 모든 개체는 같은 물질들을 공유하고 있고, 인간을 포함한 모든 개체는 서로가 뒤섞인 잡종인 것이다.

인간으로 탄생한다는 것은 대단히 중요하다. 왜냐면 인간만이 가진 지성知性 때문이다. 지성을 가졌을 때 구나들의 변화를 꾀할 수 있고, 이것은 의식의 변화를 가져오고 의식의 변화는 인간의 유전인자를 변화시켜 새로운 기질, 변화된 성향으로 새로운 세상으로 바꿀 수 있는 계기가 마련된다.

3구나는 유전인자다.

3구나의 변화는 세상의 판도를 바꿀 수 있는 중요한 키포인트다.

이 기질들의 성향에 따라 미래세계는 어두운 세상이 더 어두운 세상으로 바뀔 수 있고, 밝은 세상에서 더 밝은 세상으로 나아갈 수 있다. 그래서 내 행위와 생각, 마음가짐 등의 절제와 통제를 요구하는 업業(karma) 사상은 살기 좋은 세상(paradise)을 만드는 데 매우 중요하게 작용한다.

이 다르다. 뿐만 아니라 같은 사과나무에서 열린 사과라 할지라도 그 생김새나 맛이 어느 하나도 같은 것이 없다.

이러한 것들이 쁘라끄르띠를 구성하고 있는 3구나들의 제각각 다른 구성 때문이다. 이렇게 3구나들의 구성이 다르기 때문에 그 많은 존재들이 세상을 구성하고 있어도 어느 것 하나 같은 것이 없는 다양한 형태로 존재하는 것이다. 이것은 마치 DNA의 단백질 합성과 같다.

뿌루사와 쁘라끄르띠의 결합으로 형성된 새로운 개체는 겉모양에서부터 안과 밖의 모든 작용과 기능들은 쁘라끄르띠에 의해 주도되고 운용되고 실지로도 그렇게 작용하고 있다.

이렇게 결합된 쁘라끄르띠와 뿌루사는 비록 겉으로는 하나로 결합된 것처럼 보이고, 쁘라끄르띠의 역동적인 활동성에 가려서 뿌루사의 기능과 작용을 전혀 알아차릴 수가 없지만, 비활동적이고 순수의식인 뿌루사의 본질적 특성과 기질은 그대로 유지하고 있으면서 정적이고 고요한 상태에서 흔들림 없는 안정감으로 나타난다.

그래서 쁘라끄르띠가 극도로 활성화된 상태에서는 언뜻 언뜻 "나는 누구이며, 이렇게 사는 게 맞는가?"라는 의식 상태로 활동적인 동적인 쁘라끄르띠와는 다른 정적靜的인 자아自我의 모습으로 나타난다. 이렇게 인간은 정적인 자아와 동적인 자

아로 구성되어 있고, 정적인 자아는 본질적이고 동적인 자아
는 본능적으로 작용한다.

　인간을 포함한 삼라만상이 뿌루사와 쁘라끄르띠의 결합으
로 하나의 개체가 만들어지면 뿌루사는 인간을 포함한 모든
동물과 사물들에 내포되어 있는 순수의식인 정적靜寂인 자아
가 되고, 쁘라끄르띠는 동적動的인 자아가 된다.

　정적인 자아와 동적인 자아의 균형과 조화는 매우 중요하다.
　이 둘의 불균형이 심화되면 될수록 갈등과 불안감은 커지
고 삶에 대한 궁극적인 의문도 더욱 깊어지면서 삶의 무게감
도 더해 간다.

　이 문제가 해결이 되지 않으면 갈등과 불안, 두려움이라는
고통과 함께 삶의 의미를 충족시키지 못하고 불균형이라는 반
쪽짜리의 삶을 살다 그 모든 것을 안고 자신이 왔던 길로 되돌

아가 본래의 모습인 뿌루사와 쁘라끄르띠의 형태로 브라흐만으로 돌아가 아까시 속으로 흡수된다.

아까시라는 우주 공간 속에서 브라흐만의 형태로 존재하던 뿌루사와 쁘라끄르띠는 그 자신들의 본연의 모습으로 존재한다.

뿌루사는 뿌루사 본연의 순수의식이면서 정적인 상태로, 쁘라끄르띠는 그 동안의 삶의 흔적들을 간직한 3구나들을 내포한 상태로 역동적이고 동적이면서 항상 움직이기는 하지만 아직까지는 다른 뿌루사나 쁘라끄르띠와 결합이 이루어지지 않은 상태이기 때문에 쁘라끄르띠 그 자체로 존재한다.

스티브 호킹의 시간의 역사에서

마치 양자量子의 업 쿼크(up quark)와 다운 쿼크(down quark)가 항상 움직이고 있는 것과 같이 이들도 항상 움직이고 동적이다.

그러나 이들의 움직임은 너무나 자유롭기 때문에 다른 브라흐만들과 결합하는 것은 순식간의 시간문제이다. 그렇다고 한꺼번에 다른 하나의 브라흐만과 결합하는 것이 아니고 제각각 분리되어 어떤 무엇과 결합할지는 모른다. 우연히 마주치는 대로 무작위로 결합이 이루어지기 때문에 모든 물질들은 결국 혼합된 잡종이 된다. 인간이 금, 다이아몬드 명품과 같은 희귀 물건에 열광하는 이유는 인간 자체가 여러 가지 뒤섞여 잡종으로 태어났기 때문이다.

우연한 계기로 뿌루사와 쁘리끄르띠가 최초로 결합을 하는 순간을 본질적 탄생이라 하고, 이때 뿌루사의 순수의식과 쁘라끄르띠의 3구나들이 결합하면서 여러 가지 다양한 변화들이 일어난다.

이러한 다양한 변화들 속에 인간의 경우 자아의식(ego)과 마음(manas), 지성(buddhi)과 같은 것들이 만들어지고, 이때 인간을 구성하고 있는 제각각의 다양한 개성個性을 가진 두 번째의 탄생이라 볼 수 있는 개아個我[6]로 나타난다.

여기서 마음과 지성, 자아의식 등이 형성되면 인간으로 태어나고, 그렇지 못하고 마음과 자아의식만 형성되면 짐승으로 태어나고, 이러한 것들이 형성되지 않은 존재들은 사물이

---

6) 개아(個我, jivatman): 개아는 부모의 정자와 난자에 의해 태어난 일란성 쌍둥이도 다른 모습과 다른 성향, 기질을 가지고 제각각의 개성을 보여주면서 자신만의 모습으로 살아가고 있는 현재의 나를 의미한다.

된다.

개아個我들은 부모들의 결합에 의해 부모들의 정자와 난자를 통해 부모와 선조들의 유전인자들까지 물려받아 물리적 물질적 세 번째 탄생을 하게 되면서 현재의 나와 같은 다양한 개성들을 가진 하나의 인간이라는 개체로 탄생하게 된다.

이렇게 탄생한 하나의 개체인 "나"는 수명이 다해 소멸해 가면 다시 뿌루사와 쁘라끄르띠라는 본래의 모습으로 우주 공간(akash)의 미세물질 뿌루사와 쁘라끄르띠가 되어 브라흐만(brahman)으로 돌아간다. 인간을 포함하여 모든 사물을 해체하면 결국 양자量子(quantum)로 돌아가는 것과 같이.

브라흐만으로 돌아간 뿌루사와 쁘라끄르띠가 다시 결합해 하나의 개체가 만들어지기까지는 빠를 수도 있고 늦을 수도 있어 딱히 언제라고 말할 수는 없다.

지금도 우주 혹은 우리 주변 어디선가 수많은 새로운 개체가 만들어지고 있을 것이다. 그렇지만 내가 소멸해 다시 예전의 나로 재탄생한다는 것은 나를 복제하지 않는 이상 있을 수 없는 일이다.

수명이 다된 하나의 개체가 스러져 초미세화되어 흩어져 사라져 갈 때 이때 주변의 풀과 나무, 바위, 사람, 짐승 할 것 없이 무작위로 그 어느 곳이든 들러붙어 다른 개체로 전이되고, 나머지는 아까시라는 공간 속에서 브라흐만이라는 존재로 떠돌면서 또 다른 개체와 결합할 수도 있고, 그렇지 않고 계속 떠돌 수도 있다. 그렇지만 다른 브라흐만과의 결합은 시간문제이고 순식간에 일어난다.

무작위로 결합된 다른 물질들도 마찬가지로 소멸과 생성을 반복하기 때문에 윤회는 끝없이 계속된다. 이렇게 떠도는 브라흐만은 그 수를 헤아릴 수가 없고 어디든지 떠돌면서 언제든지 결합할 수 있고 수천 수만 년이 지나도 영원히 떠돌고 결합과 분리를 거듭하면서 영원히 윤회 재생을 거듭한다.

이렇게 하나의 개체가 수명을 다해 브라흐만화되어 자연으

로 돌아가게 되면 그동안 살아오면서 저지른 모든 행위와 행적들은 마치 네샤 케리가 "유전자는 네가 한 일을 알고 있다."라고 말한 것처럼 쁘라끄르띠의 3구나 속에 저장된다.

이렇게 자신의 모든 과거 행적이 저장된 뿌루사와 쁘르끄르띠가 자연으로 돌아가는 과정에 풀과 나무, 짐승 등과 같은 다른 개체들과 결합하게 되면 그것들은 그때 결합한 것들의 일부가 되고, 나머지들은 브라흐만으로 존재하다가 또 다른 그 무엇인가로 결합을 하게 되면 그것으로 재탄생하게 되는 것이다.

재탄생한 것 또한 다시 소멸과 재생을 거듭하면서 윤회 재생(輪廻, samsara)이 끝없이 이루어진다.

이렇게 떠도는 미세 분자들의 브라흐만들은 나보다 먼저 수명을 다해 자연으로 돌아간 이 세상에 존재하던 인간을 포함한 동물, 사물 할 것 없이 수많은 물질들의 분신들인 순수의식인 뿌루사와 유전 물질들을 포함하고 있는 쁘라끄르띠들인 것이다.

내가 먹고 마시는 것은 말할 필요도 없고, 내가 숨을 쉬고 있는 이 순간에도 대지와 우주 공간을 떠돌고 있던 수많은 브라흐만들이 내 호흡을 통해 흡입되면서 나도 모르는 사이에 그들과의 결합을 하고 있고 그들의 윤회 재생을 돕고 있는 것이다.

순수의식인 뿌루사와 쁘라끄르띠가 결합한 후 그 무엇이 된다는 것은 누구의 의지대로 되는 것이 아니다. 그것은 우연히 일어나는 자연 발생적인 현상으로 그 누구도 결정할 수 없다. 뿌루사와 쁘라끄르띠가 결합하면서 지성과 마음, 자아의식 등이 생기면 인간이 되고, 그렇지 못하면 사물이나 짐승이 된다.

짐승의 경우 자아의식과 마음만 형성되고 지성이 발달하지 못한 경우이고, 지성과 마음, 자아의식 등과 같은 내적인 의식 활동이 형성되지 않은 것은 사물이 되는 것이다.

그러나 본질적 탄생인 뿌루사와 쁘라끄르띠의 결합에 있어서는 동일하기 때문에 사물이나 짐승, 사람의 탄생 과정은 본질적으로 같다.

그래서 세상에 존재하는 삼라만상 모든 물질들은 인간이

가지고 있는 본질이나 돌이 가진 본질이나 짐승들이 가진 본질이나 서로 섞여 있는 것을 알 수 있고, 이를 토대로 인간을 포함한 모든 존재들은 본질적으로 같음과 동시에 혼합된 잡종으로 탄생하는 과정도 같고 사라져 가는 과정도 같다. 그래서 이 세상에는 그 누구도 그 무엇 하나 특별한 존재는 있을 수 없고, 모두가 똑같이 존중 받아야 할 존재들이다.

그런데 사람들은 서로 다르다고 생각하고 차별하고 구별하고 갑질을 하면서 나는 너와 다르고, 너보다 내가 더 우월하다라는 의식의 차이, 불평등이라는 의식 체계는 인간만이 가지고 있는 지성知性(buddhi) 때문이다. 좋고 나쁘고, 예쁘고 추하고, 부드럽고 거칠고, 많고 적고, 높고 낮음에 대한 구별과 차별의식은 인간만이 가진 지성의 장난에 놀아나는 것이다.

이와 같이 지성의 단점은 우리 인간이 가진 희로애락을 쥐락펴락하지만, 장점은 이 지성으로 인해 세상을 변화시킬 수도 있다는 것이다.

인간과 동물, 삼라만상이 조화롭고 균형 있게 살 수 있는 파라다이스를 만들 수 있는 것도 인간만이 가진 지성으로 만들어 낼 수 있다. 인간의 지성이 아니면 결코 바꿀 수가 없다. 왜냐면 지성만이 좋고 나쁜 것을 판단할 수 있고, 지성은 인간만이 가지고 있기 때문이다.

　그런데 이러한 장점은 놔두고 단점에 휘둘려 지성의 장난에 의존해 종교와 이념, 정치, 물질, 명예, 상황, 현상, 유행 등에 영혼이 빼앗겨 맹목적으로 사는 인간은 지성에 의해 조종되는 좀비(zombie)와 다를 바 없다.

　이렇게 좀비화된 인간은 유전적으로 대를 이어 물려주고 유전은 업業(karma)이 되어 지구를 포함한 우주를 오염시키고 끝없는 윤회 재생을 하게 된다. 좀비(zombie)화된 지성은 피상적인 현상세계에 적극적이다. 그러나 피상적인 현상 세계 너머에 본질이 있다는 것도 지성은 알고 있다. 그래서 지성은 의식이 깨어 있을 때 더욱 빛난다. ◉

업 이야기

"원하는 대로 의지가 생기고
의지가 생겨남으로써 업을 쌓고,
업을 쌓음으로 결과를 얻게 된다.
결과를 얻음으로
새로운 업이 다시 쌓이고
윤회와 유전의 사슬 고리가 된다."

인간이 가진 타성惰性에 젖은 생각과 습관 등은 어제 오늘의 일이 아니고, 그 기원은 끝없이 거슬러 올라가 인간의 본질과 본능에 맞닿아 있다.

　인간의 몸은 대략 100조 개의 세포로 이루어져 있고, 살아있는 동안 세포 하나하나에서 언제나 물질대사와 생리작용이 일어나고, 이들의 움직임은 내가 태어나면서부터 가지고 태어난 양자적·동적動的 본능을 가진 움직임이다.

　이들 제각각의 세포에는 마음이 있고, 의식이 있고, 영혼이 있고, 유전인자가 있다. 이들에게는 지난 과거의 행적을 담고 있고, 현재의 행위들이 담겨지고 있으며, 앞으로의 행위들이 담길 것이다. 또한 과거의 행적에 의해 현재의 행위가 이루어지고 현재의 행위들은 미래에 있을 행위들과 연결되고 있다.

　이러한 행위의 행적들은 세포 하나하나에 각인되고 저장되어 타성惰性이 되고, 업業(karma)이 되고, 유전인자(gene)가 되어 다음 세대로 전이轉移(transfer gene)되고, 윤회輪回(samsara)의 사슬 고리가 되어 영원히 윤회 재생輪回再生을 하게 된다.

이들이 담고 있는 행적은 내 부모를 만나 부모의 몸에 수정되기 이전부터 그것도 아주 오래전의 기억까지도 담고 있다.

지구가 형성되고 물이 생기고 강과 호수, 바다가 만들어져 최초의 원시세포라는 생명체가 탄생한 그 순간부터 담겨 있을 것이다. 심지어 최초 생명체 이전부터 이미 유전의 전조는 있었을 수도 있다.

최초의 생명이 탄생하는 순간 이들 전조前兆가 구체화되면서 진화와 더불어 서서히 나타나기 시작한 것일지도 모른다. 무엇이나 처음 생길 때에는 어떠한 시스템도 없이 우연히 자연발생적으로 만들어진다.

그러나 하나의 개체가 만들어지고 난 다음부터는 시스템화하여 일정한 규칙이 만들어지고 이 규칙에 따라 번식과 진화가 일어나면서 대를 이어가게 되면 우리는 이것을 유전이라 한다.

이때 만들어진 시스템들이 내 몸, 내 잠재의식 속에 배여 있으면서 인간으로 태어나 살아가면서 알게 모르게 내 삶의 근간根幹을 이루면서 타성惰性과 타고난 습성習性으로 나타난다.

유전을 다르게 표현하면 업業(karma)이 된다. 업은 단순히 선과 악을 구분 짓는 것에 한정되는 것이 아니라 인간들의 일상생활에서 이루어지는 먹고 마시고 말하고 생각하고 의도하는 모든 행위와 의식, 무의식, 잠재의식 등을 통한 활동으로 일어나는 모든 행위에 적용된다.

진화론에 따르면 원시세포는 단세포로, 단세포는 다세포로 진화하여 인간을 포함한 고등동물들 모두가 다세포로 이루어져 있다고 한다. 단세포가 다세포로 진화하였으니 다세포는 단세포의 유전인자를 그대로 물려받아 진화하였을 테고, 다세포인 인간을 포함한 모든 고등동물들은 단세포, 다세포의 유전인자를 내포하고 인간과 고등동물로 진화했을 것이다.

원시세포에서 인간으로 진화하기까지 수십억 년 동안 수많은 진화를 거치면서 인간이 되기까지의 유전적 변화와 진화를 거치면서 업業(karma)을 쌓아 지금에 이르고 있다.

이렇게 쌓아온 업業(karma)은 타성이 되고 습성이 되어 인간의 삶을 지배하고 있다.

이 업들은 우리가 살아가면서 일상생활 속에서 그대로 반영되어 나타난다. 도둑질을 하고, 훔치고 숨기고 축적하는 행위는 이 세상에 태어난 이후에 누가 가르쳐주고 배운 것이 아니라 이미 우리 인간의 몸에는 유전적으로 7500만 년 전 생쥐의 유전인자를 가지고 태어났기 때문에 누가 가르쳐 주지 않아도 본능적으로 그런 행위가 나올 수 있는 잠재력을 가지고 있다.

갓 태어난 어린아이가 기어 다니고, 군인들이 전쟁 준비한다고 기어 다니면서 훈련받고 있는 것을 보면 원시생물이나 단세포, 파충류들 역시 똑같이 기어 다니는 것을 볼 수 있다.

이렇게 타고난 본능뿐 아니라 선한 행위든 악한 행위든 인간이 하는 모든 생각과 행위는 유전적으로 전해 내려오는 업業(karma)인 것이다.

인간이 행하는 모든 행위(karma)는 자신이 알게 모르게 세포 하나하나에 흔적을 남기면서 각인되어 유전인자로 남아 직계 자손 뿐 아니라 다른 사물들에 전이轉移된다. 한번 각인된 유전인자는 사람이 죽는다고 해서 없어지거나 소멸하는 것이 아니라 일부는 자손을 남기면 대대손손 유전되기도 하지만 나머지는 미세분자 화하여 우주 공간(아까시)에 흩어져 브라흐만으로 떠돌다 다른 물질들과의 결합을 통해 전이轉移 재생된다.

이와 같이 우주 공간은 창조의 근본 물질인 브라흐만(쁘라끄르띠)으로 가득 차 있다. 따라서 우주는 물론이고 세상에는 완전한 빈 공간이란 있을 수 없다. 처음부터 우주가 완전한 빈 공간이었다면, 완전한 빈 공간에서는 어떠한 것도 탄생할 수가 없기 때문이다.

따라서 빅뱅을 일으킨 점 하나도 브라흐만(쁘라끄르띠)들 중의 하나였을 것이다. 아니면 브라흐만들이 응집된 결과 하나의 점이 되어 빅뱅을 일으켰을 수도 있다.

브라흐만들은 우주 공간을 채우고, 대기 중에도 차 있고 보이지는 않지만 어디든지 채우고 있다. 대기의 브라흐만들은 사람의 코와 입 등의 호흡기를 통해 흡입되기도 하고 피부에 점착되어 스며들기도 하고, 야채의 잎과 뿌리를 통해 자양분으로 흡수되어 있다가 사람의 입을 통해 섭취되기도 한다.

마찬가지로 짐승이나 물고기를 통해서도 흡입된 브라흐만들을 인간이 이들을 섭취하면서 이들과의 결합이 이루어진다.

이렇게 수많은 종류의 다양한 브라흐만들의 혼입混入이 이루어지면서 살아가다가 생을 다하면 일부는 흙으로 돌아가 풀과 나무의 자양분으로, 일부는 미생물의 먹이로서 재생되고, 미생물은 채소와 과일의 영양분이 되고, 이들은 다시 짐승이나 곤충, 인간의 몸에 흡수되어 재생되면서 상호교차 재생을 거듭하고, 흡수되지 않은 나머지 부분들은 자연 속 대기와 우주 공간(아까시)을 유영遊泳(브라흐만)하다가 새로운 결합(이것을 인연이라 한다.)을 통해 윤회 재생을 영원히 거듭하게 된다.

이때 우주와 대기 중에 유영하는 물질(쁘라끄르띠)이 선한 행위를 한 물질들이 많으면 많을수록 미래의 세상은 평화롭고 살기 좋은 세상이 될 것이고, 그렇지 않고 악한 행위를 한 결과 악한 브라흐만들이 더 많이 떠돌고 있다면 이들의 재결합을 통해 더 많은 나쁜 브라흐만들이 퍼지면서 험악한 세상이 되면서 더 살기 힘들어 질 것이다.

그래서 지금 당장에도 선하게 살아야 평화로운 세상이 유지되기도 하지만 미래를 봐서도 선하고 착하게 살 필요가 있는 것이다.

업業(karma)이라고 하면 나쁘게만 생각할 수 있는데, 이때의 업은 악한 행위의 뒤 끝에 오는 업장業障을 말하는 것으로 업이 나쁘게 작용(장애물)할 경우에 쓰는 말이다.

그러나 업을 나쁘게만 볼 것은 아니다. 왜냐면 업業이라는 것은 나의 지난 수천 수십억 년 전의 흔적들을 모두 기억하고 있는 저장 창고로서 이 창고를 열어 그동안 잠재되어 있던 무한한 자원의 보고寶庫로서 잠재능력을 개발할 수 있는 원천이기도 하다.

내가 갖고 태어난 업業은 내 부모 내 선조들이 행했던 과거의 모든 행위들뿐만 아니라 그 이전의 일들까지도 저장되어 있기 때문에 이것들을 갖고 태어난 내가 이 업들을 개발하면 나의 무한한 능력이 되는 것이다.

중요한 점은 이 업에는 선과 악이 모두 혼재되어 있기 때문에 소위所謂 선한 잠재의식을 깨우면 선한 사람이 되고, 악한 잠재의식을 깨우면 악한 사람이 된다고 말할 수도 있겠지만, 문제는 그렇게 단순하지 않다.

혼재되어 있는 선과 악은 내가 선을 행하고 싶다고 행해지고 악을 그만두고 싶다고 쉽게 그만둘 수가 없다. 선이라고 해서 다 선한 것도 아니다. 선善에도 선한 의도를 가지고 실행한 순수한 선善이 있고, 내심 한 단계 더 앞을 바라보고 나쁜 의도를 가지고 행한 악한 선도 있다.

일단 선善은 순수한 의도의 좋은 선이라고 생각하고 제외해 놓고서라도, 악惡은 가지고 태어났고 진화를 거듭하면서 언제 어디서나 그렇게 살아왔기 때문에 타성惰性화되고 고착화되어 본능적으로 튀어 나오면서 조절과 억제가 쉽지 않다. 이때 인간만이 가진 지성이 빛을 발할 때이다.

선과 악, 좋고 나쁨 등의 구분을 짓는 지성知性(buddhi)의 통제와 억제는 인간의 의식을 개혁할 수 있는 밑바탕이 된다. 따라서 인간의 의식개혁을 통해 악보다는 선이, 나쁜 것보다는 좋은 것이 활성화될 수 있는 터전을 마련할 수 있는 것 또한 인간만이 가진 지성의 장점이다.

이성과 감성, 오감 등의 영향을 받는 마음의 좌충우돌을 억

제하고 지성이 가진 장점을 최대로 살릴 수 있는 발판을 개발하는 데는 삶의 경험이 오랜 시간 축적된 뒤에야 깨닫게 되는 것이 일반적인 경우이다. 이것을 우리는 삶의 지혜라고 하고, 세상을 달관한 분들의 여유로운 삶에서 찾아볼 수 있다.

삶의 지혜를 깨닫는 것 역시 결코 쉬운 일은 아니다. 이때 깨달은 지혜는 살아가면서 경험에 의해 얻어지는 생존의 기술로서 생활의 지혜라고 보는 게 더 타당할 것이다. 왜냐면 이때 얻어진 삶의 지혜는 인간 존재 자체에 대한 궁극적 의문에 해답을 주는 것은 아니기 때문이다.

그래서 생활의 지혜를 가졌다 하더라도 인간 존재 자체의 의문인 '나는 누구이며, 어떻게 살아야 하고, 삶의 의미는 무엇인가?' 하는 궁극적 의문은 해소되지 않고 그대로인 것을 알 수 있다.

업業(karma)을 해소한다는 것은 불가능하다. 왜냐면, 가지고 태어났을 뿐만 아니라, 매일 새로운 업을 쌓으면서 살아가기 때문이다. 그러나 쌓아 놓은 업을 줄이고, 새로운 업을 덜 쌓는 것은 가능하다.

일부 종교단체에서 회개悔改와 속죄贖罪, 면죄부를 주는 행위들을 하는데, 형식과 가식에 의한 회개와 속죄, 면죄 행위는 더 큰 업을 쌓고, 더 나쁜 유전인자를 전파시키는 원흉이기도

하다.

내가 감기에 걸렸는데 누군가 내 대신 감기약을 먹어 준다고 내가 낫는 것은 아니다. 감기약은 감기 걸린 사람이 먹어야 한다.

그런데 실지로 회개와 속죄, 면죄부를 받는 사람들은 감기약 처방전만 받아놓고 약은 안 먹는 사람들과 같다. 처방전만으로 감기는 낫지 않는다. 감기약을 실제로 먹어야 효과를 본다.

마찬가지로 회개와 속죄, 면죄부는 형식적이고 가식적으로 주어지는 것으로 해결되지 않는다. 오히려 업의 두께만 두꺼워지고 그 뿌리만 더 깊게 하면서 세상을 더욱 혼탁하게 할 뿐이다.

업을 짓지 않는 행위는 행위의 의도와 동기에 목적은 있어도 의미를 부여하면 안 된다. 그것이 선한 행위든 악한 행위든 모든 의도와 생각, 행위는 업을 남기기 때문이다.

남긴 업들은 유전인자화되어 대를 이어 전달되고 윤회 재생의 사슬 고리가 되어 끊임없는 윤회를 하게 된다. 이미 갖고 태어난 업이나 원죄는 누가 사(赦)해 준다고 사해지는 것이 아니고, 내가 선행을 베푼다고 이미 만들어진 업이 없어지는 것이 아니다.

선행은 지금 이 순간에 내가 짓는 업을 짓지 않게 하는 행위일 뿐이다. 그러나 이 선행 또한 어떤 의도를 가지고 베푼다면 또 다른 새로운 업을 짓는 행위이다.

자선단체에 기부를 하더라도 기부를 하는 것으로 끝을 내야한다.

사회적 명성을 바라거나 그 이외의 의도를 가지고 있다면 이 역시 새로운 업을 짓는 것이고 세상을 혼탁하게 만드는 행위이다. 그것도 대를 이어 영원히… 길을 가다 적선을 베풀더라도 적선을 베풂으로 내게 복이 올 것이라는 기대를 해서도 안 되며, 신앙을 가진 사람이 기도를 하면서 기도의 대가로 무엇인가 바람을 가져서도 안 된다.

무엇을 하더라도 생각과 행위에 흔적을 남겨서는 안 된다. 마치 새가 날아간 자리는 흔적을 남기지 않는 것과 같다. 이것을 비움의 지혜(wisdom of emptiness)라고 한다.

비움의 지혜란, 어떤 일을 수행함에 있어서 목적과 목표는 있지만 그 목적과 목표를 성취하기 위한 수행 과정에서 목표 달성을 위한 집착으로 인한 갈등과 성공, 실패의 결과에 의한 기대와 좌절 등에 대한 심리적·정신적 의식 작용이 모두 배제되었을 때 윤회의 사슬 고리가 만들어지지 않으면서 더 이상 새로운 업을 만들지 않고 윤회의 사슬 고리도 끊어진다.

모든 행함에 있어서, 행함이 있어도 행함이 없는 듯 행하고, 반대로 행함이 없는 듯 행하지만 행하고, 그 흔적(감정, 앙금, 여운)을 남기지 않고 행하는 것이 노자老子가 말한 무위의 도(無爲之道)이며, 그 결과 어떠한 윤회의 사슬 고리를 남기지 않게 된다.

인간은 이 세상에 태어난 이상 해야 할 의무는 일(행위)이라고 했다. 일도 마찬가지로 어떤 일을 하더라도 일(행위)의 결과에 대한 집착으로 대가와 결과를 바라면 안 된다. 대신 최선을 다해야 한다. 최선을 다한다는 원리를 아는 사람은 '최선'이 무엇을 뜻하는지 알 것이다.

일을 시키는 사용자도 마찬가지이다. 내가 이만큼을 주는데 너는 그보다 더 많은 것으로 보답해야 한다는 조건을 걸고 기대를 해서는 안 된다. 서로 대가와 결과를 바라게 된다면 갈등과 분열을 일으킨다.

모든 일에서 성공이라는 결과와 성과를 내야할 자본주의 사회에서 꿈같은 일이기는 하지만, 그래서 인간만이 가진 지성으로 의식 개혁이 필요한 것이다.

사용자도 피고용자도 서로가 맡은바 일에 최선을 다하면 좋은 결과는 부수적으로 따라오는 것이다.

본질적인 것은 최선을 다하는 것이고, 최선을 다한 결과, 성과는 부수적으로 따라온다. 그렇다면 기대했던 성과가 나올 것인가 하겠지만 처음부터 기대를 하지 않았으니 실망도 없을 것이다. 그러나 걱정하지 않아도 된다. 장담하건데 결과는 기대 이상일 것이기 때문이다.

인간이 창조한 언어 중에 좋은 단어들이 많이 있는데, 그 중에 하나가 '최선'이라는 말이다. 오랜 세월을 겪으면서 터득한 생활의 지혜든 삶의 지혜든, 오랜 마음공부를 통해 깨달은 영적·정신적 지혜든 그 어떤 지혜를 깨닫더라도 깨달은 후에는 의식의 변화가 오면서 무슨 일을 하더라도 즐기면서 최선을 다해 일하는 모습으로 달라지는 것을 볼 수 있다.

사람들은 모두가 최선을 다한다고 하지만 깨달은 후에 다하는 최선은 질質이 다르다. 왜냐면, 세상은 삶의 의미로 가득한 세상이라는 의식의 변화가 오면서 그동안 타성에 젖어 무모하게 최선을 다해 살아오던 삶에서, 지혜롭게 최선을 다하는 삶으로 그 패턴이 바뀌기 때문이다.

시간이 오래 지난 얘기이긴 하지만, 나름 공부를 많이 해 책도 많이 쓰고, 스스로 지혜를 실천하는 지혜로운 사람이라고 자칭自稱한 사람이 있었다.

그분 말씀이 세상의 이치와 진리를 깨달은 대표적인 사람으로 존경받는 붓다(Buddha)가 소위 세상의 이치理致를 깨닫고 나서 세상에는 더 이상 알 것도, 궁금한 것도, 알고 싶은 것도 없어서 삶의 의미를 잃고 한때는 자살을 결심했었다는 말을 들고 너무나 충격을 받은 적이 있었다.

책을 수십 권을 쓰고, 스스로를 지혜로운 사람이라고 자칭한 사람인데, 세상에 이 사람보다 더 어리석은(無知) 사람이 있을 수 있을까! 하는 생각에 연민과 함께 혀를 찬 적이 있었다.

우리는 모르는 수학 문제를 하나 풀어도 그날은 날아갈 듯 하루가 즐겁다. 그런데 세상의 이치를 깨달은 사람의 마음은 어떨까? 하루가 아니라 그 여운은 평생을 간다.

내가 알고 있는 깨달음의 세계는 일반 사람들의 머리와 가슴으로 이해하기 힘든 새로운 세상과의 만남이다. 그래서 깨달음을 이룬 붓다(Buddha)는 너무 흥분하여 이 신세계新世界를 세상 사람들에게 알려 모두가 함께 누렸으면 좋겠다는 생각에 길가는 사람을 붙잡고 설명을 해 보아도 반응이 시원찮고, 밭에서 일하는 사람을 붙잡고 설명을 해 주어도 아무도 알아주지 않고, 들어줄 생각도 하지 않고, 오히려 이상한 사람이라는 말만 들었다.

그런데 그 깨달음의 세계가 어디 가겠는가!

그동안 보아 왔던 암울하고 덧없고 허무했던 세상이, 의미 가득하고, 환희와 기쁨으로 충만한 마음으로 에너지가 넘쳐나는 신세계인 깨달음의 세계, 그래서 바람결에 날아가는 티끌 하나도 소중하게 여겨지고, 떨어지는 나뭇잎 하나도 다 의미 있는 존재로 보일 뿐 아니라 그동안 보잘 것 없고 믿음이 결여되었던 '나'라는 존재에 대한 생각 또한 신뢰와 자신감이 회복되는 의식의 변화가 오면서 일의 귀천貴賤을 떠나 아무리 하찮은 일이라도 모든 일에 '최선'을 다하게 된다.

그동안의 하기 싫었던 일들도, 아무런 의미도 부여하지 못했던 일들도 스스럼없이 최선을 다해 수행하는 의식의 변화가 오게 된다.

붓다(Buddha) 역시 이후 남은 생을 자신이 경험한 신세계를 세상 사람들과 나누고자 넘치는 에너지로 최선을 다해 살다 간 것이다.

인도 고전 「이샤 우빠니샤드(Isha Upanisad)」에 보면, 실천이 없는 맹목적인 지혜의 추구는 무지無知(어리석음)보다 더한 깊은 수렁으로 빠질 수 있다고 말하고 있다.

"무지를 숭배하는 자는 어둠속으로 빠져들고, 지혜만을 숭배하는 자는 그보다 더 깊은 어둠속으로 빠져 들것이다."(이샤 우빠니사드 9절)

실천수행 없이 단순히 잔머리 굴린 것을 가지고 지혜라고 말해서는 안 된다. 책 몇 권 읽어보고 공감하고, 책 몇 권 번역했다고 해서 그 지식이 자신의 것이라고 착각해서도 안 된다.

남의 지식을 자신의 것 인양 말하는 사람은 앵무새에 불과하다. 체득되어지지 않은 지식은 공허하고 자신을 더욱 비참하게 만든다. 실천에 의한 경험으로 체득된 지혜만이 진정한 지혜이다. 이렇게 체득되어진 지혜만이 본질적 해답을 얻을 수 있다.

이뿐만 아니라, 머리와 가슴으로 이해하는 지혜는 동서양을 막론하고 이름 있는 철학자들에게도 적용된다. 이분들 역시 대부분 눈앞의 피상적인 세계의 현상에만 집착한 나머지 궁극적 삶의 의미에 대한 해답은 얻지 못하고, 오로지 각자의 삶의 방식대로 살거나 각자의 눈에 보이는 표상대로 살아가면 된다고 말한다.

이들 역시 본질을 보지 못하고 머리로만 현상을 이해하는 데 그쳤기 때문이다. 따라서 삶에 대한 궁극적 문제의 해답은 없는 것이 아니라 해답을 풀지 못하고 찾지 못한 것이다.

세상에 답이 없는 것은 없다. 단지 그 답을 모를 뿐이다. 피상적인 세계의 현상에만 집착한 나머지, 현상 너머의 세상을 모르기 때문에 답을 찾지 못하는 것이다. 현상 너머의 세계를 알게 되면 세계는 표상이 아니라 본질이 있다는 것을 깨닫게 된다.

본질을 아는 것은 현상을 아는 것과는 완전히 다르다. 머리로만 이해하는 지적인 지식은 현상 너머의 본질을 보지 못한다.

인간이 추구하는 행복에도 일시적인 행복과 궁극적 행복이 있다. 일시적인 행복은 피상적이고 현상적이다. 그래서 늘 감각적인 희로애락에 휘둘린다.

그러나 궁극적 행복에는 깊은 호수와 같아 희로애락에도 출렁임이 없다. 따라서 인간이 추구해야 하는 행복은 궁극적인 행복이어야 한다. 궁극적인 행복에는 많은 것이 필요로 하지 않는다.

알고 보면 자기 자신만으로도 충분하다는 것을 알게 되고 종교나 이념, 물질은 부수적인 것이라는 것을 깨닫게 된다. 비록 현상 속에 살고 있지만 영혼이 현상 속에 매몰되어 좀비처럼 사는 것을 경계해야 한다.

나는 영혼 없는 삶에
동조할 수 없다(명상, 明想)

"명상(明想)이란,
묵은 때(유전, 업)를 벗겨내는
자기 자신의 정화(淨化) 과정이자,
집 나간 자기 자신을 찾아오는 행위이다."

깊은 삼매三昧(samadhi) 속에서는 모든 게 정지된다. 내 몸에 작용하고 있는 생체리듬도 멈추고, 물질대사와 생리작용도 멈추고, 의식작용도 멈추고, 호흡도 멈춘 무중력 진공 상태에서만 진정한 삼매를 느껴 볼 수 있다. 이것을 불교경전에서는 진공묘유眞空妙有라고 멋지게 표현하고 있다.

삼매는 진공 상태에서 느껴 볼 수 있는, 말로는 표현 안 되는 경험으로만 알 수 있는 아주 미묘한 느낌이라는 뜻이다. 삼매는 양자적 본능을 가진 동적인 자아가 작동하고, 외부의 물리적·물질적 자연현상들이 작용하고 있는 이상 삼매를 경험

해 볼 수 없다.

반대로 말하면 내 육체 안에서 작용하고 있는 생리적·물리적·심리적·정신적 모든 양자적·동적 작용이 멈춤과 동시에 외부의 물질적·물리적 자연 현상 또한 멈추었을 때 진정한 삼매를 경험해 볼 수 있다.

내 몸과 마음에서 일어나는 현상들을 멈춘다는 것도 결코 쉬운 일이 아니다. 그런데 외부의 물리적 현상까지 멈춘다는 것은 더욱 믿기 어려운 일일 것이다.

생존을 하기 위해 일어나는 모든 생명활동과 의식·무의식 속에서 작용하는 심리적·정신적 의식, 무의식(잠재의식) 등에서 일어나는 작용들도 멈추어야 하고, 거기다 외부의 물질적·물리적 자연현상까지 멈추어야 비로소 삼매를 경험할 수 있다.

외부에서 일어나는 자연 현상까지 멈출 수 있다는 것이 가능할까 하겠지만 내 안의 동적인 모든 작용이 멈추면 외부의 물질적·물리적 변화나 자연 현상도 같이 멈추는 것을 알게 된다. 이때 비로소 모든 것은 마음작용이 만들어낸 허상虛想이라는 말도 알게 되고, 모든 것은 내 탓이라는 말도 깨닫게 된다.

바람이 불면 나뭇잎이 흔들리는 것은 분명한 일이겠지만 나의 청각 기능이 멈추었다면 바람소리도 들리지 않고, 내 시각 기능이 작용하지 않는다면 나뭇잎의 흔들림도 인지하지 못할 것이다.

따라서 창문 밖에 아무리 태풍이 불고 비바람이 몰아쳐도 들리지 않는 것은 당연한 일이고, 도로를 지나가는 차량의 소음소리, 옆집 개 짖는 소리도 들리지 않게 된다. 설사設使 들린다 하더라도 나와는 하등의 관계가 없고, 나에게는 하등의 영향을 미치지 않는다는 것 또한 알게 된다.

따라서 태풍이 불고, 비바람이 들이치고 있다고 밖에 널어놓은 빨래를 걷어야 한다는 생각도 들지 않을 것이다. 이뿐만 아니다. 그 동안에 나를 괴롭히던 난제難題들이 나에게는 하등의 문제거리가 되지 않는다.

그러나 비바람이 심하게 몰아치고 빨래가 젖고 있다는 것을 의식은 깨어 있고 알아차리고 있기 때문에 모든 현상을 알고 있다. 그러나 그런 현상들이 나에게는 하등의 영향을 주지 않는다. 이때 진정한 조화(real harmony)와 균형(balance), 평화(real peace)가 어떤 것인지 알게 된다.

그렇다면 삼매에서 벗어나면 밖에 널어놓은 빨래는 어떻게 되는 것이며, 그동안 풀지 못해 스트레스를 받았던 난제難題들은 어떻게 되는 것인가? 어떻게 되지는 않는다. 빨래는 그대로 비를 맞아 젖어 있고, 풀지 못한 난제도 그대로이다.

그런데 중요한 것은 내가 바뀌었다는 것이다. 바람이 불며 흔들리는 나뭇잎들이 이전에 보던 단순한 흔들림으로 보이지 않고 새롭고 신비로운 감동으로 와 닿는다.

비 오는 날 빨래는 걷어야 한다는 타성에서 벗어나 밖에 널어놓은 빨래가 비바람이라는 자연 현상에 어우러진 모습에 새롭고 신기하고 기특하고 감사하게 느껴지고, 그동안 풀지 못해 어려운 난제에 함몰되어 헤어나지 못해 허우적거리며 힘들어 했던 나의 모습은 사라지고, 그 일로 흔들리지 않는 안정된 자신을 발견함과 함께 새로운 해결책이 덤으로 나타나는 일도 경험할 것이다.

삼매三昧는 의식의 변화를 오게 하는 강력한 힘을 갖고 있고, 삼매에 의한 의식의 변화는 삼매에 의한 정화작용淨化作用에 의해 일어난다. 정화작용은 그동안 나에게 쌓여 있던 업(karma)과 유전인자를 정화시켜 의식의 변화를 가져온다. 그러면서 그동안 습관과 관습적으로 타성에 젖어 살아왔던 삶에 변화가 온다.

흔히 보아 왔던 길가의 들풀 한 포기, 돌멩이 하나, 그동안 하찮게 여기며 지나쳐 왔던 생각들이 제각각의 존재의 이유를 가지고 그 자리에 서 있다는 것을 알게 되고, 세상을 바라보는 시선이 달라졌다는 것을 알게 된다.

그림을 그리려다 실패해 여러 가지 물감으로 칠해진 캔버스 위에 새로운 그림을 그리겠다고 그 위에 그림을 그려 보았자 제대로 된 그림이 나올 리 없다.

정화작용이란 여러 가지 물감으로 덧칠된 캔버스를 하얀 백지 상태의 캔버스로 되돌려 놓는 작업이다.

명상의 효과는 여러 가지 물감으로 덧칠된 우리 자신의 의식, 무의식(잠재의식) 심지어 내 세포 하나하나의 유전인자까지 정화작용으로 하얀 백지 상태의 캔버스와 같이 만들어 자기가 원하는 그림을 마음대로 그릴 수 있게 하는 능력이 있다.

수많은 정보와 대립, 경쟁, 스트레스, 불평등과 부조리, 근심, 걱정, 불안, 공포, 두려움 등 과부화로 터져 버리기 직전의 뇌와 마음, 정신, 의식 등은 더 이상 새로운 것을 받아들일 공간이 없다. 있다고 해도 이미 여러 가지 물감으로 칠해진 캔버스와 같다. 이 상태로는 새로운 창조란 있을 수 없고, 건강하고 여유로운 삶이란 더더구나 찾아볼 수 없다.

명상의 정화작용은 이런 쓰레기들을 비워 새로운 창조의 공간(akash)으로 무한 비워진다. 그래서 명상은 비움의 미학美學이자, 비움으로 채워지는 삶의 지혜智慧이다.

이를 통해 그동안 타성惰性에 젖어 타성에 의해 조종되는 좀비처럼 살아 왔던 의식적·무의식적 생각과 생활습관, 사고방식 등이 정화되면서 비워진다.

이렇게 정화된 의식, 무의식은 변화를 가져와 완전히 다른 사람으로 재탄생시키는 능력을 갖고 있는 것이 명상으로 이루어지는 비움의 지혜(wisdom of emptiness)이자 삼매의 효과(effect of samadhi)이다. 명상에 의한 정화작용은 삼매三昧(samadhi)에 의해 일어난다.

이때 비로소 뿌리 깊이 박혀 있던 업에 의한 업장 소멸이나 원죄에 대한 속죄의 진정한 면죄부免罪符를 받게 된다. 면죄부는 이렇게 스스로의 노력으로 없애는 것이다. 마치 감기 걸린 사람이 스스로 약을 먹고 치유하듯이.

그런데 삼매는 몰입沒入(dhyana)이라는 필수 과정을 거쳐야한다. 몰입은 그동안 뭉쳐 있던 실타래가 풀리듯 혹은 소금이나 설탕이 물에 용해되어 물이 소금인지 소금이 물인지 알 수 없게 만들듯이, 인간이 갖고 태어난 업의 유전인자들 역시 용해되어 소멸시키는 작용을 하는 것이 몰입이다.

그런데 문제는 인간이 갖고 태어난 업業과 유전인자(gene)는 태곳적 원시 생명체에서부터 전해져 내려온 것들이라 뿌리가 깊어 그렇게 쉽게 용해되지 않는다. 그래서 엄청난 인내忍耐와 부단한 노력이 필요하다. 몰입에 들어가기 위한 부단한 노력과 인내 자체가 정화 과정의 시작이고 출발점이다.

사람들은 명상이 좋은 줄 알면서도 명상보다는 춤추고 노래하는 것을 좋아하고 정적인 몰입에 들어가는 것을 힘들어한다. 이유는 동적인 본능을 갖고 태어난 인간을 동적인 본능이 인간의 삶을 지배하기 때문이다.

그래서 양자적 움직임에 본능적 타성과 관성의 법칙(inertia)이 작용하면서 움직이는 것을 좋아하고 정지하여 가만히 있는 것을 싫어한다. 이러한 움직임들은 끊임없는 업을 만들어낸다.

이것을 이용한 퓨전 명상들은 동적인 움직임의 관성의 법칙을 연결하여 춤을 추면서 명상이라 하고, 노래를 부르고 웃으면서 명상이라 하고, 주문을 외우면서 명상이라 하면서 명상에 접근하기 좋게 만들어 스트레스 많은 현대인들에게 긍정적인 영향을 주고 있다.

하지만 이러한 퓨전 명상은 접근성은 좋아도 인간이 갖고 있는 삶에 대한 본질적인 문제를 해결하는 데는 한계가 있다.

그래서 정적인 순수 명상은 시작단계에서부터 내 몸과 마음이 힘들어 하고 싫어하는 것은 당연한 일이지만 이런 현상을 극복하는 것 자체가 동적인 자아의 타성에서 벗어나는 과정이고 정화작용의 시작이기도 하다.

이러한 과정을 조금만 극복해 보면 동적인 자아의 삶에 편중되어 있던 삶에서 정적인 자아와의 균형이 얼마나 소중한지 알게 된다.

단세포적 원시 생물의 태곳적 기억부터 저장하고 있는 인간의 잠재의식은 무궁무진한 자원의 창고이다. 그래서 내가 부모의 정자와 난자의 결합에 의한 하나의 수정체가 되어 태어나기 이전부터 수천 수십억 년 전 인간으로 진화되기 이전의 기억과 태초의 내 모습까지도 저장되어 있다.

명상을 하다보면 잠재의식 속에 저장되어 있던 수많은 잠재적 의식들이 다양한 현상으로 밖으로 표출된다. 뿐만 아니라, 인간이라는 하나의 개체로 살아오면서 경험한 크고 작은 수많은 사건들 또한 다양한 현상으로 나타난다.

이러한 현상들은 어디까지나 잠재의식 속 기억 중의 하나가 밖으로 표출된 현상일 뿐 결코 본질은 아니다. 따라서 현상은 현상일 뿐 현상에 본질이 흐려져서는 안 된다. 명상 중에 의식이 흐려진다는 것은 함정에 빠지는 것이다.

올바른 몰입은 의식이 시퍼렇게 살아 있으면서 맑아지고

명료해지는 것을 깨어 있음을 통해 알아차려야 한다. 깨어 있는 의식이 지속되어질 때 원하는 본질에 다가설 수 있다.

명상을 통해 여러 가지 잡다한 현상들을 극복하고 본질에 다가서는 것은 마치 온갖 가시덩굴과 풀, 나무, 바위들이 뒤엉켜 있는 정글을 헤치고 보물이 숨겨져 있는 동굴을 찾아 보물상자를 찾아내는 것과 같다.

온갖 가시덩굴과 풀, 잡목, 바위와 돌 등은 인간이 수십 수천억 년 동안 진화해 오면서 저장되어 전해내려 오고 있는 업業이고 유전인자(gene)이다. 이 업들은 하나하나 모두 제거되어야 할 정화 대상이다. 이 정화 대상들은 명상 중에 하나하나 그 모습을 드러내고 사라지기를 반복한다. 이것을 사람들은 잡념이라 표현하고, 끝도 없이 일어난다고 말한다. 그래서 엄청난 인내와 노력이 필요하다.

이 잡념들이 일어나는 것이 멈출 때 비로소 온갖 시련을 겪고 보물이 가득한 동굴의 입구에 들어선 것과 같이 삼매를 경험할 수 있다. 물론 삼매에도 깊고 얕음이 있고, 그 느낌도 다르다. 그래서 한 번의 경험으로 해결되는 것은 아니다. 꾸준한 명상이 필요하다.

그러나 그 한 번의 경험은 엄청난 충격이고 평생을 좌우하게 된다. 잡념이 일어나는 것은 정적인 자아를 찾으려고 시도

하는 지성에 대한 동적인 자아의 악마적 행위이다. 그리고 명상 중에 일어나는 다양한 현상들은 동적인 자아가 파 놓은 함정이다.

그래서 정신세계를 공부하는 많은 사람들이 이 함정에 빠져, 자가당착自家撞着에 빠져 더 이상 앞으로 나아가지 못하는 경우들을 볼 수 있는데, 현상은 현상일 뿐, 동적인 자아가 파 놓은 유혹에 넘어가서는 안 된다. 이것은 명상의 부작용이라 할 수 있다.

이러한 현상들을 극복하고 올바른 몰입을 통해 내 잠재의식이 백지 상태의 정화가 일어나 삼매를 경험하게 되면 의식에 변화가 온다.

이 변화는 의식의 개혁으로 이어진다. 의식의 개혁은 세상을 바라보는 눈이 달라지고 부모로부터 물려받은 생물학적 유전인자를 물려받은 지금의 내가 아닌 새로운 사람으로서의 **네 번째 탄생**을 경험할 것이다.

이때 비로소 그동안 동적인 자아에서부터 시작된 타성에 젖은 생각과 습관의 좀비 상태에서 벗어나 정적인 자아와의 조화와 균형을 경험하면서 대립과 경쟁, 스트레스, 불평등과 부조리, 근심, 걱정, 불안, 공포, 두려움으로부터 해방되어 조화롭고 평화로운 궁극적인 지고한 행복을 누리게 된다. ◉

에필로그

나와 같은
고민을 하는 분들에게는
조금이나마 도움이 되기를
기대해 본다.

이 책을 마무리하는 데 많은 시간이 흘렀다. 별것도 아니구만 할 수도 있겠지만, 나에게는 일생일대의 일이라 해도 과언이 아닐 정도의 중요한 일이었다. 왜냐면, 그만큼 이 책을 쓰고 싶었기 때문이다.

　그러면서 한편으로 글 쓰는 재주도 없으면서 이것도 책이라고 썼나 혹은 무슨 내용이 이래? 라고 하는 비난도 있을 수도 있겠지만 그 모든 것들을 무릅쓰고라도 쓰고 싶었다.

　그리고 이렇게라도 전달하지 않으면 영원히 못할 것 같아서 서둘러서 마무리를 했다. 이유는, 내가 힘들게 고민했던 것들이 얼마나 간절했으며, 그리고 그 문제가 어떻게 해소되었는지 보여 주고 싶었기 때문이다.

　물론 이 책이 내 개인적인 경험담에 불과하지만, 나와 같은 고민을 하는 분들에게는 조금이나마 도움이 되기를 기대해 본다.

이 책의 핵심은 명상을 강력하게 권하고 있다. 명상을 통해 감각기관과 지성에 매몰되어 좀비처럼 살아가는 현상세계의 현실에서 벗어나 자유롭고 평화로운 지고한 행복을 누리면서 살 수 있다는 것이 핵심이다.

지고한 행복이 가능한가?

당연히 가능하다. 명상을 통해,

소욕지족少慾知足도 가능하고,

소확행도 가능하고,

수분지족守分知足, 지족자부知足者富도 가능하고,

노블레스 오블리주도 가능하고,

이 모든 게 말로만 혹은 형식과 필요, 가식에 의해서 일어나는 일이 아니고 그야말로 마음에서, 가슴에서 하고 싶어서 실천하게 된다.

명상은 의식의 변화가 오고, 의식의 변화는 의식개혁으로 이어져 우리의 삶에 새로운 세계를 발견하게 된다.

새로운 세계의 발견은 스스로가 다시 태어나는 경험을 하게 된다.

이렇게 발견한 새로운 세상은 불안과 공포, 두려움, 스트레스가 없는 세계이다.

헝가리 생화학자 알베르트 센트죄르지는 발견이란,

모든 사람이 보는 것을 함께 보면서 아무도 생각하지 못한 것을 생각해 내는 것이라고 했다.

비슷하게 명상도 모든 사람이 일상생활에서 희로애락을 느끼며 평범하게 살아가지만 명상은 똑같은 일상 속에서 다른 세계를 누리며 살아가게 해 준다.

흔히 하는 얘기로, 인생에서 돈이 다가 아니듯이, 명상 역시 다는 아니다.

살다보면 이런저런 일을 겪으면서 명상이 꼭 필요할 때가 있다.

얼굴이 건조하면 화장품을 바르고, 급하면 교회에 가서 기도도 해보고, 절에 가서 간절하게 부처님께 의지해 보듯이 그 가운데에 명상도 해 보시기를 추천한다. 여러분들이 어느 정도 명상에 숙달이 되면, 정말 힘들고 절박한 위기의 상황에 맞닥뜨렸을 때 그 위기를 벗어날 수 있는 비장의 카드가 될 수 있는 것이 명상이다.

이 책을 많은 사람들이 읽었으면 좋겠다. 호불호가 극명하게 갈려도 좋고, 뭐라고 해도 좋다. 많이만 읽어 주면 좋겠다.

그만큼 이슈화되어 각자 현재의 사는 모습에서 나는 현실에 매몰되어 좀비처럼 살고 있는 것은 아닌지 다시 한 번 생각해 보는 계기가 되었으면 한다. ✸

부록

명상하는 방법

1. 긴장을 풀고 바른 자세로 앉는다.

2. 바른 자세로 앉아 실눈을 뜨고 코끝을 바라본다.

3. 코끝을 바라보는 눈이 피곤해지기 전에 코끝을 바라보는 상태를 그대로 유지하면서 살며시 눈을 감는다.(한번 감은 눈은 명상이 끝날 때까지 뜨지 않는다.)

4. 감은 눈으로 코끝을 바라보면서 편안한 심호흡과 함께 몸과 마음의 긴장을 푼다.

5. 코끝을 바라보면서 동시에 머릿속을 비우면서, 기분 좋게 들이마시고,.. 편안하게 내어 쉬기를 반복한다. (하다 보면 생각이 다른 곳에 가 있다는 것을 알아차리게 되면 다시 의식을 코끝으로 데리고 온다. 이것은 명상을 하고 있는 동안 반복되고 명상이 끝날 때까지 반복할 수도 있다. 이것을 집중이 안 된다. 라고 한다.)

☞ 명상은 하나의 대상을 두고 그 대상에 집중하는 것이다. 이 명상의 집중 포인트는 코끝이다. 따라서 명상이 끝날 때까지 시선과 의식은 코끝에 집중되어야 한다.

6. 어느 정도 몸과 마음이 가라앉으면 심호흡에서 좀 더 자연스럽고 편안한 호흡을 해 주면서 코끝을 바라보고 머릿속 비우기를 계속한다. (이때 눈과 눈 주변 근육을 이완시키고 눈의 피로와 긴장감을 풀어주면서 계속 해 나가야 한다.)

7. 명상을 해보면 알게 되지만, 명상 중에는 많은 잡념이 생긴다. 그럴 때마다 의식을 코끝으로 데리고 와서 집중하기를 반복해야 한다. (어쩌면 이 작업을 명상을 하는 동안 내내 반복할지도 모른다. 하루 종일 명상을 한다면 하루 종일 반복 할 수도 있다는 말이다, 그만큼 집중이 잘 되지 않는다는 말이다. 그래서 명상은 가만히 앉아 있는 것 같지만 할 일이 많다. 그것도 아주 많이.. 통제와 절제, 그리고 비움, 알아차림의 연속이다. 그래서 의식은 시퍼렇게 살아 있어야 한다.)

8. 이렇게 집중하고 집중하다 보면 코끝이 선명해지면서 바라보는 시각과 의식이 일치되는 일치감을 느끼면서 자신이 지금까지 느껴보지 못했던 산만하고 혼란스러웠던 자신과 주변 현상들의 움직임이 잦아들면서 잠시나마 고요와 평화로움을 경험하게 될 것이다. 이 상태가 지속되면 선정(禪定, dhyana) 상태라고 한다. 선정상태도 깊고 얕음이 있다.

선정상태는 살얼음판을 걷고 있는 것보다도 민감하고 예민해서 잘 깨어진다. 그래서 극도로 고도의 집중력이 요구된다.

9. 선정상태가 지속되면서 더 깊은 몰입상태가 되면 비로소 삼매에 들어갈 수 있다. 그래서 삼매(三昧, samadhi)는 선정상태 너머에 있다. 그리고 의식의 변화가 온다. ●